国家社会科学基金项目结项报告
山东理工大学人文社会科学学术著作出版资助项目

现代农业创业投资的梭形投融资机制构建及支持政策研究

RESEARCH ON MODERN AGRICULTURE VENTURE INVESTMENT FUSIFORM INVESTING AND FINANCING MECHANISM AND SUPPORT POLICY

吴石磊 ◎ 著

中国财经出版传媒集团

经济科学出版社
Economic Science Press

图书在版编目（CIP）数据

现代农业创业投资的梭形投融资机制构建及支持政策研究/吴石磊著．—北京：经济科学出版社，2017.10

ISBN 978-7-5141-8617-8

Ⅰ.①现…　Ⅱ.①吴…　Ⅲ.①农业投资-研究-中国
Ⅳ.①F323.9

中国版本图书馆CIP数据核字（2017）第269984号

责任编辑：谭志军　李　军
责任校对：隗立娜
责任印制：王世伟

现代农业创业投资的梭形投融资机制构建及支持政策研究

吴石磊　著

经济科学出版社出版、发行　新华书店经销

社址：北京市海淀区阜成路甲28号　邮编：100142

总编部电话：010-88191217　发行部电话：010-88191540

网址：www.esp.com.cn

电子邮箱：esp@esp.com.cn

天猫网店：经济科学出版社旗舰店

网址：http://jjkxcbs.tmall.com

固安华明印业有限公司印装

710×1000　16开　12.25印张　200000字

2018年9月第1版　2018年9月第1次印刷

ISBN 978-7-5141-8617-8　定价：42.00元

（图书出现印装问题，本社负责调换。电话：010-88191502）

前　言

资金短缺是制约现代农业发展的重要“瓶颈”，对这一问题的解决仅仅靠国家财政、信贷等传统融资渠道是不行的，要有新的思路。创业投资是投资者以集合投资方式设立基金，委托创业投资管理机构向不成熟的、具有高成长性和市场竞争力的企业（项目）提供股权资本，并为其提供经营管理服务，待企业成熟后，通过股权转让等方式获得资本增值的一种特殊投融资方式。本书在分析现代农业创业投资投融资状况的基础上，结合现代农业创业投资发展的预测，归纳现代农业创业投资对接与政府引导的作用机理。进一步地，梳理促进现代农业发展的相关政策并对其实施效果进行分析。最后，构建有利于现代农业创业投资引导基金发展的梭形投融资机制，并提出覆盖起其整个运作过程的支持政策及保障政策。不但有利于丰富现有研究和实践，还将从根本上解释农业资金投入不足与社会资本闲置之间的矛盾，解决如何引导创业投资投向现代农业以及如何利用创业投资带动现代农业发展等现实问题，从而引导创业投资投向现代农业，既为创业投资寻找新的出路，也拓展农业融资渠道，解决资金短缺问题，推动现代农业发展。主要内容和结论有十点：

第一，中国农业投资情况。总体而言，农业投资不足，农业投资占社会总投资比重与其对国民经济的贡献不相称，农业投资占社会总投资的比重大大低于农业对GDP的贡献；分不同农业投资主体来说，与农业对国民经济的贡献对比，支农支出占财政支出比重较小。农户的投资热情不高，农村居民家庭平均每人全年总支出中增加较多的是消费性支出，生产性支出少，且生产性支出中农业支出所占比重较大。特别地，购买生产性固定资产支出所占比重较小，且有下降趋势。农户资金需求规模相对较小，主要是生活所需，农业生产所需资金较少，且主要靠邻里、亲戚解决。农业上市企业数量少、发展水平低，有较大发展潜力。

第二，中国创业投资发展情况。中国创业投资机构数和管理资本不断增加，呈现出“大规模、集团化、投资行业分布集中度高，主要是高风险高收益的高新技术产业，但对其余行业、传统行业投资升温”的特点；创业投资发展迅速并开始关注农业、农业创业投资的投资强度大、创业投资“逐步接受”现代农业，认为农业具有早期投资价值，值得进行长期投资。

第三，现代农业创业投资发展的预测。通过产业关联测算未来现代农业发展的资金需求，中国民间资本充足并基于居民目标消费率的存在性、消费稳定性和消费意愿稳定性检验，结合中国居民消费“保守的消费文化”特点分析未来创业投资发展的资金供给。研究发现：无论是从美国农业发展的经验来看，还是从我国的要素禀赋变动、农业自身发展来看，未来我国农业发展，特别是实现农业的现代化，需要强化产前及产后投入，进一步延伸产业链条，这就对农业资金投入提出更高要求；中国民间资本充足，加上居民消费存在目标消费率，并且由于国家内部的个体效应，各国居民消费长期来看具有稳定性以及消费意愿稳定性的特征，而中国居民“消费不足、储蓄率高”的消费特点可以为创业投资提供资金供给，从而创业投资有较稳定的资金供给来源。由此，现代农业需要创业投资，创业投资也有稳定的资金来源。

第四，现代农业需要创业投资，创业投资也能够投向现代农业。发展现代农业有助于确保新形势下国家粮食安全、改变农业增长方式促进产业增值和减少贫困；现代农业与创业投资的对接机制体现在，现代农业发展和吸引创业投资的资源节约效应、农业投资收益率提高效应、需求保障效应和农业的多功能效应。创业投资具有促进现代农业发展的资源优化配置效应。

第五，与其他创业投资项目相比，现代农业创业投资具有委托代理关系较复杂、主体各方利益差异大、参与主体素质较低、农业面临风险大、投资周期长和收益回报慢等特点；农业的高投入和高风险使其比较收益低于其他产业，而资本天然具有向高收益行业集中的逐利性，单靠市场调节资源配置存在市场失灵问题。这些特点导致资金流入农业较难以及资金流入农业后留住资金也较难，造成创业投资和现代农业发展的对接矛盾，导致创业投资农业投向不足。此外，现代农业发展具有雇用创造贡献、市场贡献、要素贡献、资金贡献、外汇贡献、农业多功能性等正外部性以及带来环境污染的负外部性，这就需要充分发挥政府“有形的手”的作用来弥补市场这一“无形的手”的市场失灵，需要政府对现代农业创业投资进行引导、监管和评价。

第六，促进现代农业发展的相关政策梳理及效果分析。为鼓励现代农业发展，国家相关部门制定和实施了一些政策。通过资料收集、实地调研、专家座谈、发放调查问卷、电话访谈等方式，选取对现代农业和创业投资发展有较大影响的农业科技推广政策、户籍制度改革政策和农业园区建设政策进行梳理并就其效果进行分析。农业科技推广、户籍制度改革和农业园区建设有利于农业的科技化、规模化和产业化经营，提高农业收益率，增加现代农业发展对创业投资的吸引力，促进农业现代化。

研究结果表明：农民对农业知识存在需求，但科技人员（农技站）对于农户抵御灾害、选种等其他生产资料所发挥的影响较小，并未发挥出农业科技推广应有的提高科技成果转化率、提高科技在农业中含量的作用，主要是因为农业科技推广人才不足、农业科技推广缺乏绩效评价、培训内容不实用、农业科技推广投入不足；户籍制度改革在一定程度上打破了户籍制度对农村剩余劳动力转移的限制，农村大量剩余劳动力转移出来，为现代农业发展的规模化经营创造条件、为现代农业发展拓宽市场空间和提供制度保证，增加了现代农业对创业投资的吸引力。但是，户籍制度改革在促进现代农业发展过程中存在农村户口仍附着较多利益，城市缺乏吸引力，农转非带来农村资源闲置和城市资源紧张的矛盾，对户籍制度改革的宣传力度不够等问题；农业园区建设具有工业园区所没有的比较优势，如能够较好地吸纳当地农村劳动力，环境污染少，缩小被占地农民与未被占地农民之间收入、生活方面的差距等，有较强的经济效益、生态效益和社会效益，为现代农业发展拓宽了新空间。但也存在着受土地政策限制，部分项目用地困难、投资资金持续力不足，外来资本投入明显偏少、部分投资项目

“两高两低”等问题。

第七，现代农业资金短缺问题仅仅靠国家财政、信贷等传统融资渠道不能有效解决，创业投资是解决这一问题的重要途径之一。为更好地促进创业投资与现代农业的对接，应设立现代农业创业投资引导基金。现代农业创业投资引导基金是对农业投资的创新，是政府投资和社会投资的融合。现代农业创业投资引导基金是由政府设立并按市场化模式运作的政策性基金，是通过发挥政府资金的“杠杆”作用鼓励创业投资投向现代农业的投融资方式。现代农业创业投资引导基金具有资金放大效应、资源配置效应和评价监管效应。

第八，应构建以对接机制、运行机制和退出机制为中心，以政策支持机制和监管评价机制为两翼的有利于现代农业创业投资引导基金发展的“梭形”投融资机制。具体来说，创业投资与农业创业企业之间的对接机制：增加现代农业产业本身的吸引力和发展、增进创业投资行业的吸引力和发展、积极帮助优秀农业项目与创业投资的对接；运行机制主要体现为：现代农业创业投资引导基金通过让利等优惠条件，与民间资本建立合作关系投资现代农业。现代农业创业投资引导基金与合作创业投资机构签订协议，委托合作创业投资机构在现代农业领域内优选投资项目，并进行资后管理；政策支持机制体现为现代农业领域要想拥有一个合适的投资氛围，吸引社会资本投向现代农业，需建立覆盖现代农业创业投资引导基金整个运行过程的完善的政策扶持体系加以政策引导，吸引产业内外的资金、技术和人才等要素流入并保留在现代农业领域进行产业开发；政府的监管评价机制主要表现在政府引导基金不参与所支持的创业投资机构的具体投资决策，也不直接与创业企业发生联系，而是仅从制度上监督合作的创业投资机构在现代农业领域内优选投资项目并对其效果进行评价。

第九，积极推动现代农业创业投资引导基金发展，建立和完善覆盖整个运作过程的支持政策设计。包括有利于现代农业与创业投资对接的政策设计：强化顶层设计，提升农业产业整体影响力和知名度、加快农业企业科技孵化体系建设、抓好创新驱动，推动农业创新平台建设、充分发挥农业企业创新主体作用、加快信息共享平台建设、培育壮大农业企业群体等促进农业产业发展。调整资本来源结构、加强宣传，增进对创业投资、政府创业投资引导基金的认识、人才培养等促进创业投资行业的发展。通过搭建沟通平台，积极帮助优秀农业项目和创业投资的对接，促进资本和资源的有效对接和经济与科技的深度融合；有利于现代农业创业投资引导基金运行的政策设计：深化行政审批制度改革，提高办事效率、加大对农业创业投资参与者的税收优惠力度、完善法律和政策支持、实行“政府+公司”运作模式；有利于现代农业创业投资引导基金退出的政策设计：创新现代农业创业投资引导基金的退出方式，设计适合“小农特点”的“保守退出”方式，体现“不与其争权、不影响其权力”的特点；有利于现代农业创业投资引导基金监管评价的政策设计：防止寻租行为、明确工作责任、制定合理的目标体系和考核方式，建立完善的考核机制、注重评价结果运用、运用行政手段倒逼农业企业转型升级。

第十，建立和完善有利于现代农业创业投资引导基金发展的保障政策，包括完善农业科技推广政策：有效发挥屯邻的技术扩散效应、加强农业科技队伍建设、加强宣传现代农业，扭转行业偏见；促进和深化户籍制度改革政策：强化城区经济就业容纳功能、突出地区特色优势，增强城区吸引力、进一步简化手续，提高效率、做好长远规划、为农业转移人口社会权利提供制度保证、大力发展和优化第三方培训，为农业转移人口市民化提供智力支持、进一步加强户籍制度改革宣传力度等；加快现代农业园区建设政策：高标定位，调整完善现代农业园区建设发展规划、突破土地“瓶颈”，实现园区规模经营、加大招商引资力度，拓宽投融资渠道、进一步科学规划，提高农业园区建设档次和水平、进一步完善配套政策措施等，吸引社会资本进入农业领域等。

吴石磊
2017 年 7 月

目　录

引　言

一、研究背景

我国农业自然资源的特征是总量比较丰富但人均占有量小。目前，我国农业生产的快速发展在很大程度上靠的是粗放型增长方式，资源消耗大、利用率较低，浪费现象较为严重。自然资源的无偿使用和不合理利用，使自然资源总量、人均占有量下降，造成农业资源短缺的矛盾。随着工业化和城市化进程的不断推进，一方面，农业机械、化肥、农药等生产资料以及工业技术等的使用提高了农业生产效率；另一方面，也增加了对土地、水以及劳动力等资源的需求。使用于农业的土地、水和劳动力等资源的数量处于下降趋势，同时大量的农药、化肥等使用所造成的环境污染、生态破坏也使得农业用地质量下降，工业废水和生活污水的大量排放，严重影响了水质，这样使本就比较稀缺的农业资源变得更加稀缺，现代农业建设面临着更加严重的农业资源约束。为突破农业资源约束的“瓶颈”，我们必须实现各种农业资源的高效集约利用，立足战略高层次，把现代农业建设列为重要目标，确保国家粮食安全、农业可持续发展，提高农业竞争力。

从总体上讲，发展现代农业主要是实现“五个转变”，即由自给性程度较高向市场化程度较高转变，由追求产品数量到追求产品质量、提高生产效率和发展特色产品转变，由传统的劳动密集型、靠天吃饭的生产方式向现代的知识技术密集型生产方式的转变，由消耗较多资源和产生环境污染向农业可持续发展转变，从而改善农业基础设施和生产条件、增加科技含量、提高效率、增强市场竞争力，实现农业的现代化。随着经济的发展，现代农业越来越受到国家的重视。2016 年“中央一号”文件再次聚焦农业发展问题，而以“三农”为主题的“中央一号”文件已连续发布了十三年，连续第四年聚焦农业现代化，以“互联网 + 农业”的形式，加快发展现代农业，实现农业的科技化、智能化。我国的现代农业建设可以说是一项长期的、复杂的、艰巨的系统工程，建设现代农业必须从我国国情出发，要遵循客观规律，有重点、有计划、有步骤地去推进，努力走出一条具有中国特色的现代农业发展之路。

资金短缺是制约现代农业发展的重要瓶颈，对这一问题的解决仅仅靠国家财政、信贷等传统融资渠道是不行的，要有新的思路。创业投资是投资者以集合投资方式设立基金，委托创业投资管理机构向不成熟的、具有高成长性和市场竞争力的企业（项目）提供股权资本，并为其提供非资本性的技术、信息等价值增值服务，待创业企业（项目）成功之后，通过将所持股份转让或清算等方式退出并获得资本增值的一种特殊投融资方式。在它的运行过程中主要实现三大功能，不仅向创业企业提供资金的融资、解决创业企业的资金短缺问题，而且有协助创业企业成长的管理协作功能，并能够推动优秀企业快速成长产生巨大经济效益的择优示范功能，从而加快创业企业的成长速度。创业投资活动能够给经济社会带来巨大的正外部效应，主要体现在三方面：一是促进科技创新，产生创新技术外溢；二是加快产业形成，从而带动更多的经济产出；三是通过扶持其他产业的发展，带动更多的就业。现代农业创业投资是将创业投资投向现代农业，为现代农业提供资本和增值服务的投融资方式。

但农业“高投入、高风险”的特点使农业的比较利益明显低于其他产业以及民间创业投资机构的逐利性行为和分散运作，单靠市场调节资源配置会存在市场失灵问题，导致资金较难流入农业领域而且资金流入农业后留住资金也比较难。这些特点导致了创业投资和现代农业发展无法对接的矛盾，造成农业领域创业投资投向不足，不利于现代农业的形成和发展。

为了克服创业投资市场失灵，就需要政府充分发挥“有形的手”的作用来弥补市场这一“无形的手”市场失灵的缺点。党的十八大明确指出：“要促进创新资源的高效配置和综合集成，把全社会的优势力量凝聚到创新发展上来。”深入学习贯彻党的十八大精神，加快推进现代农业发展，一个亟待解决的重要问题就是要紧紧围绕现代农业发展中资金短缺的矛盾，在促进现代农业发展的政策体系研究和设计上有创新、有突破，为国家加快推进这项工作做好服务。本书提出构建以国家设立现代农业创业投资引导基金为主导的梭形投融资机制并提出覆盖整个运作过程的支持政策，从而引导创业投资投向现代农业，解决现代农业资金短缺问题。

二、文献综述

（一）农业投资与现代农业发展的关系

投资是产业扩张的重要条件之一。国内外相关研究表明资本是现代农业发展的关键。传统农业发展主要依靠土地、劳动力等传统的生产要素，是劳动密集型产业，而现代农业发展改变了过去传统农业“靠天吃饭”的被动局面，主要依靠知识、技术、资本等现代生产要素，是资金、技术密集型产业。就产业结构的演变规律而言，第一产业内部产业结构的演进过程朝着技术密集型转变，从技术水平低下的粗放型农业向技术要求较高的集约型农业，再向生物、环境、生化、生态等技术含量较高的绿色农业、生态农业发展；从种植型农业向畜牧型农业、从野外型农业向工厂型农业方向转变。由此，一方面，资本作为直接投入要素影响现代农业发展；另一方面，知识、科技等要素的投入也离不开资金的支持。因此，现代农业发展需要较多投资。

现有文献就农业投资与现代农业发展的关系而言，主要是表明农业投资对现代农业发展的重要作用，资金短缺是制约现代农业发展的重要“瓶颈”。Mellor（1963）指出改造传统农业的关键是投资。Schltz（1964）提出改造传统农业理论，认为农业现代化的过程就是现代农业要素对低收益率的传统农业要素替代的过程。他指出由于传统农业投资收益率低，这使得传统农业长期停滞并导致农业对资本的吸引力较小。由此，需积极引进现代农业生产要素，提高农业投资收益率，增加国家对农业的投资，并引导各类社会资本增加对农业的投资。Dixit（1970）指出农业资本与农业劳动力应有一个恰当的匹配比率，才能实现农业劳动生产率的最大化。Sherman 和 Evans（1984）认为技术进步能促进经济增长，而技术离不开投资，所以技术资金的投入对经济增长起着决定性作用。Mundlak（2000）以 58 个国家为考察对象，研究了世界农业发展的资本深化过程。他发现，农业和整个经济的资本——产出比率均呈现出不断提高的趋势。Gulati 和 Bathla（2001）提到自 20 世纪 80 年代初期以来，印度农业资本形成呈现出停滞或下降态势，不利于国家粮食安全和农业增长，这无论是在学术研究还是在政策层面均引起激烈争论。Boucher 和 Guirkinger（2007）分析了金融信贷与农户投资之间的关系，研究表明，发展中国家中受到信贷限制的农户农业投资较少，其收入也必然较低。Hallam（2009）分析了目前海外农业投资的原因，主要是考虑到粮食安全，以及来自对目前较高粮食价格与政策导致的供给冲击的担忧。Tosin（2010）强调投资是农业发展的关键因素。Lobell、Baldos 和 Hertel（2013）指出增加农业研发投资，提高农业生产率，特别是发展中国家，这被认为是确保长期全球粮食安全的基本要求。速水佑次郎（2003）认为，包括诱致性技术创新与制度创新的农业现代化发展过程仍依赖于资本的支持。李祥云等（2010）考察了我国财政支农规模、结构及存在的问题。刘瑞波（2006）提到国家财政对农业的投资力度减弱，金融机构减少对农业信贷资金的投放，集体与农户投资农业的积极性也不高。这使得农业投资严重不足，制约了农业现代化的进程，创新农业投资保障体系已经成为发展农业与农村经济的迫切需要。吕德宏等（2013）指出不同的农业投资渠道对粮食产量的影响在大小和方向上有所区别。

（二）农业投资的政策环境

农业资金来源有内部资金和外部资金两部分。由于农业是弱质性产业，自我积累能力差，使得外部资金对现代农业发展来说至关重要。外部投资包括政府投资和社会投资。由于农业的经济效益较低，吸纳社会资金的能力较差，所以政策对农业资金短缺问题的解决就显得尤为重要。为了鼓励资金投向农业，国家从财政、税收、土地、科技等方面实施了一些支持政策，如农业税收政策、财政支农政策、农业信贷政策等。国内外学者广泛关注农业投资的政策环境，就这些政策的规模、结构、方式、效率、影响及政策间效果的比较等问题展开研究。

1. 农业政策的影响

Shenggen 和 Zhang（2004）提到基础设施能够通过提高农业生产率、增加农村非农雇用以及农转非等许多渠道影响农村发展。Timmer（2005）通过大量的数据和实例证明了农业生产率低下是发展中国家贫困的重要原因，他认为政府应加大对农业的投入。Hansen、Tuan 和 Somwaru（2011）研究了中国目前采取的农业政策对国内和国际商品市场的影响，结果发现：目前农业政策改革使国内产量稍有增加。由于实施了投入补贴、出口税以及出口增值税退税减免政策使得进口、出口减少。所实施的政策在国际市场上由于彼此之间存在抵消作用，这些政策对世界市场的影响较小。Nazzaro 和 Marotta（2016）指出农业是欧洲经济和社会的重要组成部分，因此新的农业政策旨在提高竞争力、注重粮食安全、保护环境以及维护社会安全和领土完整。Barnes 等（2016）研究了公共农业政策改革对农民农业生产计划的影响，结果表明农民对先前政策改革的反应可以用来预测其将来行为，减少补贴带来的影响大于支付增加的影响。

2. 农业税收政策

Halvorsen（1991）研究了税收政策对农业投资的影响，研究发现：税收政策的变化，包括投资赋税优惠和加速折旧，分别使1978年设备存量增加2.7%和1.3%。Yu和Jensen（2010）回顾了中国农业支持政策，特别是从对农民、农业征税到为粮食生产、农器具购买提供直接补贴的转变，分析了这些政策变化的影响。研究发现：目前的政策变化已经实现了增加粮食产量、提供农民收入的政策目标。Zhong等（2011）通过建立理论模型来预测中国的税收政策（一次性纳税和比例税）对农业产出影响时发现，一次性税收只影响消费，而比例税不仅影响消费还影响资本投入和最终产出，并且还指出税收对农业产出的影响并不大。Karim和Mansouri（2015）在对墨西哥实施的一项新农业税收政策影响效果进行分析时发现，农业享受免税，可以有效鼓励和促进私人和外国投资，但是税收也成为投资和资源分配扭曲低效率的来源。

3. 关于财政支农政策

针对不同的财政支农政策、不同种类的农业补贴方式对农业的影响大小不同。Roy和Pal（2006）发现财政支农的边际效益高于农业补贴的边际效益，但农业补贴对增加私人投资和提高农业生产率起了很强的促进作用。Lei Meng（2012）基于浙江省和湖北省的调查数据，研究中国的粮食补贴政策是否能够阻止农民进城，结果是肯定的。Feichtinger和Salhofer（2015）认为，粮食直补和农业生产资料综合补贴等收入性补贴对农户粮食生产促进作用很小，而生产性专项补贴和粮食价格支持对粮食生产具有较强地促进作用。Qin等（2015）研究发现投入补贴政策一般比地区支付政策的影响更大，应该增加预算内的投入补贴，扩大覆盖范围，继续实行更多预算的地区性支付政策。Latruffe和Desjeux（2016）研究了各类补贴政策对法国农场技术效率的影响，结果发现不同的补贴政策对生产率有不同的影响。穆月英和小池淳司（2009）考察了不同农业补贴政策的影响，研究发现粮食直接补贴政策有利于农业部门产出的增加，而实施的粮食最低收购价政策则正好相反，其不利于农业产出增加。陈慧萍、武拉平和王玉斌（2010）研究发现实施的粮食补贴政策有助于增加粮食产量，作用路径是：影响资本投入和土地投入。此外，在不同区域，粮食补贴对粮食产量的影响路径有所区别。林艳丽、孟校臣和王海涛（2014）以辽宁省为研究对象，考察了财政支农支出与农业增加值两者之间的相互关系。研究发现：财政支农支出对农业增加值的影响因长短期有所区别。然而，钟春平、陈三攀和徐长生（2013）考察了农业补贴对农民福利、农业投入和农业产出的影响，研究发现：农业补贴能够改善农民福利，但对农户的农业投入和农业产出增加影响不大，主要是因为农产品价格较低。

其他政策。农业信贷对农业经济发展也很重要。Khandker 和 Faruqee（2003）利用巴基斯坦农村金融市场方面的数据做了实证研究，结果表明农业发展银行发放的农业贷款有助于农业产出的增长以及农民生活质量的改善。Byerlee 等（2008）指出政府干预农村金融活动的必要性，特别强调对农业保险市场的公共支持。吕晓英和李先德（2014）发现，近年来，美国对农业生产的补贴不断减少，但对农业其他方面的支持不断增加。美国农业支持政策朝着更有利于农业市场化和可持续发展的方向转变。

可见，就农业相关政策的影响而言，尚没有统一的结论，不同种类的政策影响不同，就同一政策的影响而言也可能有相反的结论。Ramirez（1999）研究发现增加公共投资支出和私人投资支出均有利于生产率增长，但政府消费支出有负向效应，由此需关注政府支出结构。

（三）创业投资的经济影响

国内外研究发现，创业投资的经济影响主要包括对本国经济发展、技术创新和企业绩效的影响。创业投资不但能够为创业企业提供资金支持，还能提供监管管理、降低企业成本、提高生产率等非资本增值服务。

1. 创业投资对本国经济的影响

国内外学者普遍认为创业投资对本国经济具有积极影响。FCC Koh 和 WTH Koh（2002）认为创业投资有效带动了亚洲和新加坡的创新与经济增长。Kolmakov、Polyakova 和 Shalaev（2015）就风险投资和非风险投资之间的选择问题进行了探讨，利用回归模型对美国和俄罗斯的 GDP 和专利申请情况进行实证分析，研究结果发现：风险投资对经济和创新发展的影响是显著的，这种影响远大于“常规”投资。Gornall 和 Strebulaev（2015）研究发现近 30 年来，风险投资已成为美国创新型企业融资的主导力量。从谷歌到英特尔再到美国联邦快递公司，风险投资支持的企业深刻改变了美国经济。风险投资对本国经济发展的促进作用不仅适用于发达国家，对于发展中国家也同样适用。Siddiqui、Shafi 和 Shanujas（2015）研究发现在印度，风险投资被认为是经济发展和创新企业家的福音。Teker D、Teker S 和 Teraman（2016）提到美国、欧洲、以色列、加拿大、中国和印度存在有利于创业投资发展的完善的市场，创业投资的发展能够促进本国经济增长。

2. 创业投资有利于提高技术创新能力

MacMillan、Kulow 和 Khoylian（1989）将创业投资机构按照介入程度的不同分成不同类型，研究发现在不同的介入水平下，创业投资机构的管理参与活动与企业的技术创新绩效呈现出不同的相关性。Kortum 和 Lerner（2000）研究发现创业投资增加带来的专利数量增加是普通 R&D 的 3.1 倍。Hellmann 和 Puri（2002）运用调查数据研究了创业投资对新成立企业专业化水平的影响，研究发现创业投资与以人力资本政策、市场 VP 雇用等指标衡量的新成立企业的专业化程度密切相关，创业投资家所起的作用超过了传统金融中介。Antonczyk 和 Salzmann（2012）利用 49 个国家数据研究创业投资对个人风险态度的影响，研究发现风险偏好者与创业投资活动呈正相关关系，而风险规避者与创业投资活动呈负相关关系。Bertoni 和 Tykvová T（2015）指出创业投资可以有效刺激青年生物科技公司的发明和创新。Colombo、Cumming 和 Vismara（2016）研究发现政府创业投资可以带动私人创业投资的发展，减缓年轻创新性企业股权资本缺口。然而，也有学者提到创业投资对技术创新影响不大。如 Lahr 和 Mina（2016）充分考虑投资的内生性，建立模型，发现创业投资对专利的影响是微不足道的或是消极的。国内一些学者也发现创业投资对促进创新具有重要作用，如龙勇、梅德强和常青华（2011）研究发现风险投资不但对企业形成技术联盟有直接影响，还通过提高企业的吸收能力间接影响企业技术联盟的形成。

3. 创业投资对企业绩效影响显著

相关研究表明创业投资对企业绩效的影响主要体现在：降低上市成本、提高企业生产率、监督管理等。Megginson 和 Weiss（1991）利用配对法分析了创业投资家的作用，研究发现有创业投资家参与的企业在一定程度上可以作为该企业发行股票质量较好的信号，这是由于创业投资家的创业投资资本已建立起社会声望。Hochberg（2012）研究了创业投资资本对新成立国有企业公司治理的影响，研究发现创业投资支持的企业有较高的公司治理能力，如盈余管理水平较高、更容易接受股票期权计划等。Doukas 和 Gonenc（2005）分析了创业投资对创业企业 IPO 后表现的影响，研究发现 IPO 后的企业并没有表现出和其他企业不同的地方，但有创业投资支持的 IPO 企业是个例外，创业投资与其长期收益密切相关。Davila 和 Foster（2005）利用 78 个创业企业数据分析管理会计系统采用决策的影响因素，其中包括创业投资的参与。Tykvová 和 Walz（2007）对德国 1995～2004 年近 47 000 家高科技创业初期的企业进行研究，结果发现：创业投资提高了企业的生产效率，并且有创业投资支持的企业表现更优。Chemmanur、Krishnan 和 Nandy（2011）全面的研究了创业投资对私人企业效率的影响，研究发现：有创业投资参与的企业效率更高，这一效率优势主要源于创业投资的筛选和监管功能。Engel（2008）提到创业风险投资家提供的资本和非资本价值增值服务均与被投企业的表现关系密切。进行的实证研究发现：有创业投资支持的企业实现了更高的增长率，且创业投资家比其他投资者更能推动企业产生较快、较多的雇用增长。卢智健（2012）分析了创业投资对企业绩效的影响路径，研究发现创业投资既直接作用于企业绩效，也通过公司治理、企业能力的中介作用间接影响企业绩效。王会娟和张然（2012）研究了 PE 对企业高管薪酬业绩敏感性的影响。他们发现，有 PE 参与的企业其高管薪酬业绩敏感性较高，且有 PE 参与的企业也会因 PE 的性质不同，高管薪酬业绩敏感性有所区别，如因是否为国有企业、是否属外资企业、投入数量和投资时间不同其高管薪酬业绩敏感性不同。

（四）创业投资的政策环境

随着经济体制改革的不断深化，我国的创业投资政策逐步出台和实施，但与美国、英国等国家相比仍处于初步发展阶段，有待进一步完善。关于创业投资政策的研究主要包括：研究政府参与建立和完善创业投资市场的必要性，实施的相关创业投资政策效果，主要有财政支持政策、税收优惠政策、投资基金的设立等。Callagher、Smith 和 Ruscoe（2015）认识到政府参与创业投资市场发展的重要性。提到美国的创业投资是遵循市场化运作的，但在创业投资成长的历程中，政府相关政策的支持起着至关重要的作用。刘变叶（2014）提到战略性新兴产业存在市场失灵问题，需要依靠政府这一“有形的手”制定政策弥补市场“无形的手”的市场失灵，从而引导社会资本投向战略性新兴产业。

1. 政府扶持创业投资市场的动因、必要性和可行性

国内外学者在研究中都强调了政府在创业投资发展中的重要作用。Salmenkaita 和 Salo（2002）分析政府干预创业投资的动因，包括市场失灵、系统失灵、结构刚性和预期短视。Schöfer 和 Leitinger（2002）分析了中国、东欧等国家投资创业环境的现状和未来发展趋势。进一步实证分析创业投资支撑环境的评价指标体系，最后提出包括经济社会、法律

体制、创业理念精神等方面的投资创业环境支撑体系。Mason（2009）讨论了政府各种干预政策的有效性，提到欧盟及其成员国关注非正规创业投资市场来增加早期市场供给，以及政府通过贷款担保计划解决贷款不足的问题。

2. 财税优惠政策促进创业投资

Keuschnigg 和 Strobel（2000）从微观视角研究税收对风险投资的影响，通过分析各直接税对风险投资家及风险企业成本函数的影响，认为各直接税均可对风险投资产生影响。Ayayi（2004）提到 20 世纪 80 年代，加拿大出台了劳动创业投资资金的联邦和省政府立法，以解决风险资金缺乏问题，促进中小企业的风险投资且有效的税收政策调动了投资者的积极性。Cumming 和 Li（2013）实证检验了美国商业的兴起、衰落以及创业投资有关的公共政策。数据显示税收优惠政策对创业投资的发展有一定的促进作用。薄运玲（2013）政府应通过税收优惠等政策发挥其“有形的手”的作用来弥补创业投资面临的市场失灵问题。高正平和张兴巍（2014）研究发现财税政策能够影响区域风险投资，但不同的财税政策的影响大小和影响方向有所区别。

3. 设立投资基金促进创业投资

Dubocage 和 Rivaud-Danset（2002）分析认为政府创业投资机构通过杠杆作用促进法国创业投资业的发展。李朝晖（2011）分析了创业投资对新兴产业影响，进一步地分析了新兴产业创业投资引导基金的发展状况并提出如何利用创业投资引导基金促进战略性新兴产业发展的政策建议。翟俊生等（2013）分析了我国创业投资引导基金的发展历程，并提出未来发展的相关建议。就政府引导基金的具体运作方式上，张静、吴菡和何国杰（2007）指出创业投资对科技发展至关重要，因此政府应充分发挥其政府职能，利用“杠杆效应”为科技发展拓宽融资规模。刘健钧（2006）分析了以色列、英国、澳大利亚、中国台湾、新加坡、美国、德国 7 种境外创业投资引导基金的运行情况，为我国创业投资引导基金的发展提供了经验借鉴。徐东（2010）以美国、英国、以色列为例介绍了发达国家风险投资发展状况，着重分析了创业投资基金3种组织形式的优缺点，并结合我国创业投资发展状况，提出相关建议。

（五）农业公共投资与私人投资之间的关系

关于农业公共投资和私人投资之间的关系，无论是在学术研究还是在政策层面均引起激烈争论。一部分学者认为政府公共投资与私人投资之间存在着替代性关系或称为挤出效应，即政府公共投资增加引起私人投资降低；另一部分学者认为政府公共投资与私人投资之间存在着互补性关系或称为挤入效应，即政府公共投资增加，为私人投资创造了良好的环境，可以吸收更多的私人投资。

1. 政府公共投资对私人投资存在挤出效应

Bairam 和 Ward（1993）在对25个OECD成员的公共投资与私人投资之间关系进行研究时发现，有19个成员的政府公共投资与私人投资之间存在着严重的负相关性，即挤出效应。同样的，Nazmi 和 Ramirez（1997）利用1940～1991年墨西哥的投资数据进行研究，发现私人投资与公共投资对经济发展均存在积极的正向影响，但是政府投资却对私人投资存在明显的挤出效应。Ramirez 和 Nazmi（2003）在对1983～1993年拉丁美洲9个国家的投资数据进行研究时，发现公共投资挤出私人投资的现象。Mitra（2006）利用1969～2005年印度投资数据研究发现，政府投资对私人投资具有明显的挤出效应，并且政府投资每增加1%，私人投资就会相应的减少0.74%，并且在短期内政府投资会一直对私人投资产生挤出效应。Fuglie（2016）提到公共研发关键要投向私人研发不愿意解决的那些农民需求领域。

2. 政府公共投资与私人投资存在互补性

农业部门公共资本形成下降不只表现为自身数量下降，与此同时，引发私有部门资本形成下降，进而引发农业整体资本形成下降。印度农业中公共部门资本形成和私人资本形成存在互补性（Rath，1989；Shetty，1990）。事实上，一些学者指出农业中公共部门和私人部门资本形成存在较高的互补性（Hanumantha Rao，1994）。也有人提到印度农业私人投资依赖于公共投资（Patnaik，1987）。Gulati 和 Bathla（2001）研究发现随着时间的推移，印度公共投资对农业资本形成的作用大幅下降，私人投资的作用越来越大，但是并没有因此影响公共投资对私人投资的诱导作用。辛贤（2002）研究了农业研发领域公共投资和私人投资之间的关系，研究结果表明，公共研发投资增加有助于提高私人研发投资增加，两者成互补关系。王立国和丛颖（2009）就地方政府投资是否对私人投资产生替代效应进行了研究，结果表明目前尚不存在挤出效应。同样地，刘振彪和许天如（2014）也进行了相关研究，结果表明政府投资增加有助于引导私人投资增加。

3. 公共投资与私人投资之间并不存在明显的挤出或者挤入效应，而是简单的平等关系或者是两者中有一个更重要

Mishra 和 Chand（1995）在前期学者研究的基础上，考察印度农业公共部门资本形成和私人资本形成之间的互补性，研究结果表明两者的互补关系不成立。Chand 和 Kumar（2004）以私人部门、公共部门资本形成和农业 GDP 作为自变量估计联立方程模型，分析资本形成的决定因素以及它们对农业 GDP 的影响。研究结果表明：公共投资增加必然引起私人投资增加，但私人投资并不随公共投资的下降而下降，公共投资下降迫使农民自己通过增加私人投资的方式来应对公共投资减少带来的不利影响。Singh 和 Pal（2015）发现对于私人投资来说，虽然私人投资对印度发展有较好地促进作用，但是私人部门缺乏先进的研发基础。这就决定了公共投资要发挥领导作用，同时还要利用私人投资的潜力，解决研发领域的市场失灵问题。吕立才和徐天祥（2005）提到农业资本对农业发展的重要作用，并就公共投资与私人投资在农业领域中两者的关系进行了研究，研究发现农业公共投资增加与私人投资增加呈正相关关系。李芝兰（2006）提到农业具有“准公共品”的特点，政府应在农业投资中发挥重要作用，正是由于地区间政府农业投资的不同造成了地区间农业发展水平的差异。易小燕和宋敏（2009）研究了美国育种产业公共投资与私人投资之间的关系，提出美国的以私人投资为主、公共投资为辅的投资方式值得中国借鉴，并提到在农作物品种研发上，中国应加强公私之间的合作。

除了以上3种观点以外，还有学者认为政府投资与私人投资之间的关系不能一概而论。如因为研究对象不同两者之间的关系也不同，应具体问题具体分析。Wang等（2013）研究发现，对于不同的农业领域，如农作物生产、牲畜研究等，公共投资与私人投资之间的关系是不同的。高学武和张丹（2014）提到政府投资和私人投资之间的关系尚没有达成一致意见。他们的实证研究发现两者之间的关系因长短期有所区别，先是挤入效应，后是挤出效应。

综上所述，有关现代农业投资和创业投资的研究取得了一定成果，国家也出台了一些鼓励现代农业投资和创业投资的政策，但创业投资主要集中在新兴产业领域，研究农业创业投资的不多，相关研究也不够系统和深入，比如对创业投资进入现代农业后其逐利性本质而形成的现代农业外部性作用弱化、市场与政府的角色定位等现实问题缺少专门研究。本书探讨构建现代农业创业投资的“梭形”投融资机制并提出相应的支持政策，从而引导创业投资投向现代农业，解决现代农业资金短缺问题。

三、研究意义

（一）本书具有重要的理论意义

我国的创业投资和农业创业投资目前尚处于初步发展阶段，理论研究和实践经验较少。本书通过分析现代农业创业投资投融资状况及其发展的预测，总结现代农业创业投资对接与政府引导机制，探讨构建现代农业创业投资“梭形”投融资机制及支持政策设计，为现代农业创业投资的研究提供了一个理论框架，具有重要理论价值。本书将现代农业和创业投资结合起来，不但有利于丰富现有研究和实践，还将从根本上解释农业资金投入不足与社会资本闲置之间的矛盾，为相关政策制定提供理论基础。

（二）本研究具有重要实际应用价值和社会效益

资金短缺是制约现代农业发展的重要“瓶颈”，解决这一问题仅仅靠国家财政、信贷等传统融资渠道是不行的，要有新的思路。创业投资是投资者以集合投资方式设立基金，委托创业投资管理机构向不成熟的、具有高成长性和市场竞争力的企业（项目）提供股权资本并为其提供经营管理服务，待企业成熟后，通过股权转让等方式获得资本增值的一种特殊投融资方式。本书构建有利于现代农业创业投资引导基金发展的“梭形”投融资机制并提出覆盖起其整个运作过程的支持政策及保障政策，解决如何引导创业投资投向现代农业以及如何利用创业投资带动现代农业发展等现实问题，既为创业投资寻找新的出路，也拓展农业融资渠道，从而推动现代农业发展。

四、研究内容和主要观点

（一）主要内容

本书首先通过分析现代农业创业投资的投融资状况，结合现代农业创业投资发展的预测，归纳现代农业创业投资对接与政府引导的作用机理。进一步梳理有利于现代农业发展的相关政策并结合实践调研分析相关政策的影响效果。最后，构建有利于现代农业创业投资引导基金发展的“梭形”

投融资机制，并提出覆盖整个运作过程的支持政策和相关保障政策。

1. 现代农业创业投资的投融资状况

首先，分析农业投资总体概况，区分不同农业投资主体，包括国家财政农业支出、农户农业投资和资金需求状况、农业企业发展情况及行业对比；其次，分析创业投资的投融资状况，包括融资规模、融资结构、投资金额、投资行业等；最后，分析现代农业利用创业投资状况，包括投资金额、投资项目数、投资强度、投资阶段分布等。

2. 现代农业创业投资发展的预测

首先，基于产业关联测算未来现代农业发展的资金需求。测度中、美两国农业中间投入率和中间需求率，并在此基础上，分析中、美农业产业关联的差异及差异的原因，进而从产业关联视角测算现代农业发展的资金需求以及其对创业投资的接受意愿。其次，我国创业投资的资本来源以内资为主，且个人投资所占比重逐步提高。我国民间资本充足，且基于居民目标消费率的存在性及消费稳定性检验，结合中国居民消费保守的“消费文化”特点分析未来创业投资发展稳定的资金供给来源。

3. 现代农业创业投资对接与政府引导理论研究

首先，从宏观、中观和微观三个层面分析发展现代农业的作用，结合现代农业发展和促进创业投资的对接机制，明确现代农业创业投资发展的可行性和必要性；其次，与其他创业投资项目相比，现代农业创业投资具有委托代理关系较复杂、主体各方利益差异大、参与主体素质较低、农业面临风险较大、投资周期长和收益回报慢等特点。在此基础上，运用市场失灵理论、投资理论以及农业经济学等相关理论分析政府促进和引导介入现代农业的依据。

4. 促进现代农业发展的相关政策梳理及效果分析

为鼓励现代农业投资，国家相关部门制定和实施了一系列政策。通过资料搜集、实地调研、专家座谈、调查问卷、电话访谈等方式，选取对现代农业及创业投资发展有较大影响的农业科技推广政策、户籍制度改革政策和农业园区建设政策进行梳理并就其效果进行分析。农业科技推广、户籍制度改革和农业园区建设有利于农业的科技化、规模化和产业化经营，提高农业收益率，增加现代农业发展对创业投资的吸引力，促进农业现代化。

5. 现代农业创业投资引导基金的“梭形”投融资机制构建

根据现代农业和创业投资的特点，分析建立现代农业创业投资引导基金的影响效应。进一步地根据现代农业创业投资五大行为主体投资者、创业投资机构、农业创业企业、农户和政府之间的委托—代理关系以及信息不对称带来的道德风险和逆向选择问题，构建以对接机制、运行机制和退出机制为中心，以政策支持机制和监管评价机制为两翼的现代农业创业投资引导基金“梭形”投融资机制。

6. 现代农业创业投资引导基金的支持政策设计

创业投资投向现代农业需要政策支持。在构建的现代农业创业投资引导基金梭形投融资机制基础上，分析现代农业创业投资运作过程中各个环节的政策需求，包括对接机制、运行机制、退出机制等，提出覆盖现代农业创业投资引导基金整个运作过程的支持政策设计。进一步地结合对现代农业和创业投资有较大影响的农业科技推广、户籍制度改革和农业园区建设等政策作用效果，提出有利于现代农业创业投资引导基金发展的相关保障政策设计。

（二）主要观点

第一，现代农业资金短缺问题仅仅靠国家财政、信贷等传统融资渠道不能有效解决，创业投资是解决这一问题的重要途径之一。

第二，现代农业创业投资具有委托—代理关系较复杂、主体各方利益差异较大、参与主体素质较低、面临的风险较大、投资周期长和收益回报慢等特点。为促进创业投资投向现代农业、现代农业更好地利用创业投资，应进行机制创新，应设立现代农业创业投资引导基金并构建有利于现代农业创业投资引导基金发展的梭形投融资机制。

第三，创业投资投向现代农业需要政策支持，应建立和完善覆盖现代农业创业投资引导基金整个运作过程的支持政策设计。

五、研究方法与创新之处

（一）研究方法

1. 问卷调查与实地访谈相结合

通过资料搜集、实地调研、专家座谈、调查问卷、电话访谈等方式，选取对现代农业和创业投资发展有较大影响的农业科技推广、户籍制度改革和农业园区建设等政策进行梳理并就其效果进行分析。另外，通过调研方式了解农户农业投资的资金需求情况。

2. 分类比较分析方法

区分农业投资主体的不同类型，分析现代农业的投融资状况；对比分析中国创业投资与农业创业投资；通过与其他创业投资项目相比较，分析现代农业创业投资的特点；与美国相比较，分析中国农业中间投入率、中间需求率的差异及原因，测算未来现代农业发展的资金需求情况；与工业园区相比较，分析农业园区的比较优势及建设农业园区的可行性和必要性；与已设立的新兴产业创业投资引导基金相比较，借鉴其发展经验。

3. 理论分析与实证分析相结合

利用市场失灵理论、投资理论和农业经济学等相关理论，对现代农业和创业投资的对接机制以及政府引导进行理论研究；利用产业关联分析方法测算中美两国农业中间投入率和中间需求率，通过比较中美农业中间投入率和中间需求率的差异及差异的原因，分析未来现代农业发展的资金需求情况；以欧美国家和东亚国家研究对象，利用单变量组间差异、马尔科夫状态转移矩阵、面板模型等计量方法检验居民目标消费率的存在性以及居民消费的稳定性。进一步地提出消费意愿的衡量指标，运用部分调整模型分析所选衡量指标的正确性，通过测算居民实际消费率调整速度以及延长调整时间的检验，更进一步证明居民消费意愿的稳定性。从而结合中国居民保守消费文化的消费特点分析未来中国创业投资发展资金供给的稳定性。

（二）创新之处

第一，现代农业资金短缺问题仅仅靠国家财政、信贷等传统融资渠道不能有效解决，创业投资是解决这一问题的重要途径之一。我国农业创业投资发展时间短、实践案例少，理论研究还不够成熟，实践经验也不够丰富，本书将丰富和完善现有研究。为更好地促进创业投资与现代农业的对接，应设立现代农业创业投资引导基金。现代农业创业投资引导基金是对农业投资的创新，是政府投资和社会投资的融合。现代农业创业投资引导基金是由政府设立并按市场化模式运作的政策性基金，是通过发挥政府资金的“杠杆”作用鼓励创业投资投向现代农业的投融资方式。现代农业创业投资引导基金具有资金放大效应、资源配置效应和评价监管效应。

第二，与其他创业投资项目相比，现代农业创业投资具有委托—代理关系较复杂、主体各方利益差异大、参与主体素质较低、农业面临风险大、投资周期长和收益回报慢等特点。为更好引导创业投资投向现代农业，现代农业更好地利用创业投资，构建以对接机制、运行机制和退出机制为中心，以政策支持机制和监管评价机制为两翼的有利于现代农业创业投资引导基金发展的梭形投融资机制。

第三，创业投资投向现代农业需要政策支持，提出以国家设立现代农业创业投资引导基金为主导的覆盖整个运作过程的支持政策及相关保障政策，拓宽现代农业融资渠道，为推动现代农业发展提供新的思路。

第一章

现代农业创业投资的投融资状况

一、中国农业投资现状

（一）农业投资总体概况

农业是国民经济的基础。就经济活动与自然界的关系而言，农业对自然条件的依赖性较强，是直接从自然界中获取产品的物质生产部门，其投入和产出之间相关关系较强，农业投资增加有助于获得更多的农业产出。目前，我国农业生产成本较高的原因在于长时间以来农业的较低投资。

图 1－1 是 1953～2014 年中国农业投资基本情况，所选指标包括农业投资、农业投资占社会总投资比重及农业产值占 GDP 比重。其中，1953～1979 年农业投资没有直接的数据来源，采用财政支农支出中基本建设投资作为农业投资的替代指标，农业投资占社会总投资比重采用财政支农支出中基本建设投资与全社会基本建设投资之比计算得到，相关数据来源于《新中国 50 年统计资料汇编》。用财政支农支出中基本建设投资作为农业投资的替代指标，是因为：计划经济体制下，我国农业投资主体主要是国家和集体。随着经济体制改革的深入，市场经济体

制逐步建立和完善，农业投资主体改变了过去单一的投资主体，即主要依靠国家和集体，呈现出向国家、集体、农户、外资和金融机构等多元化投资主体转变的特点。加上农业基础设施建设投资周期长、金额大，具有公共物品的特点，主要依靠政府投资。另外，通过对比 1980 ~ 2003 年财政支农支出中基本建设投资和农业基本建设投资，发现两者具有相同的变化趋势，所以用财政支农支出中基本建设投资作为农业基本建设投资、农业投资的替代指标具有可靠性。1980 ~ 2003 年农业投资、农业投资占社会总投资比重采用农业基本建设投资、农业基本建设投资占全社会基本建设投资比重作为替代指标。2004 ~ 2014 年农业投资、农业投资占社会总投资比重采用农业固定资产投资、农业固定资产投资占全社会固定资产投资比重作为替代指标。

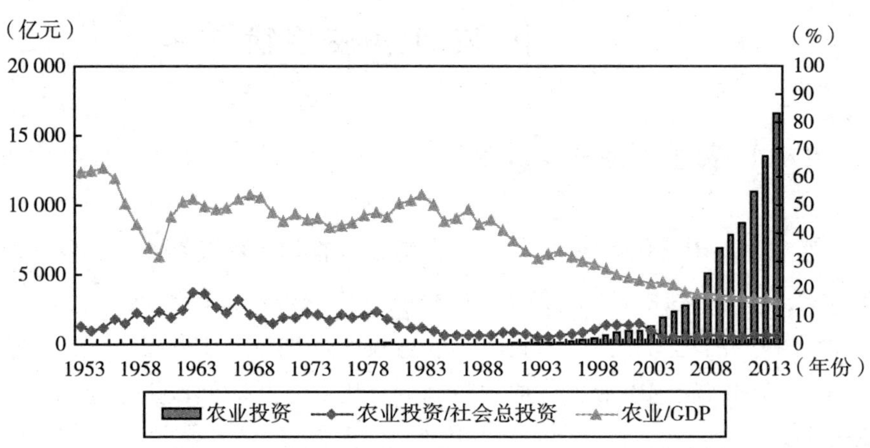

图 1－1　中国农业投资

资料来源：农业产值、GDP 1950 ~ 1997 年数据来源于《新中国 50 年统计资料汇编》，1998 ~ 2014 年数据来自历年《中国统计年鉴》。农业投资、农业投资/社会总投资 1953 ~ 1979 年相关数据来源于《新中国 50 年统计资料汇编》，1980 ~ 2003 年相关数据来源于 2003 年《中国农村统计年鉴》，2004 ~ 2014 年相关数据来源于历年《中国统计年鉴》。

由图 1－1 可知，从农业投资绝对量来看，呈现出逐年增加的态势。但是，从相对量来看，农业投资占社会总投资的比重大体呈现出下降的特点，由 1953 年的 6.38% 下降到 2003 年的 4.8%，再到 2014 年为 3.24%。农业产值占 GDP 的比重也不断下降，1953 年为 67.89%，

2003 年下降到 22.76%，到 2014 年下降为 16.07%。相较而言，农业投资占社会总投资比重与农业产值占 GDP 的比例很不相称，农业投资占社会总投资的比重大大低于农业对 GDP 的贡献。可见，我国农业发展的物质基础较弱。

农业投资直接影响农业基础设施及农业机械化水平的高低。农业基础设施是指农业水利设施以及为农业服务的机械、电力、交通、通信、气象等设施。完备、坚实的农业基础设施是农业生产顺利开展的保证。新中国成立以来，我国进行了大量的农业基础设施投资建设，促进农业发展。据历年《中国农村统计年鉴》相关数据计算，我国农业基本建设投资由“一五”时期的 41.8 亿元增加到 2003 年的 1 097.7 亿元，47 年间增长了 25.26 倍。特别是在农田水利基本建设、乡村道路以及农业技术推广等方面进行了大量投资，极大地改善了农业生产条件，见表 1－1。1952～2014 年间，有效灌溉面积、化肥使用量、农村用电量和乡村办水电站发电均呈现上涨态势，分别增加了 44 580.5 千公顷、5 988.1万吨、8 883.9 亿千瓦时和 7 321.3 万千瓦。1985～2014 年，水库、堤防长度和堤防保护面积逐年增加，分别增加了 14 516 座、107 万公里、1 173.4 万公顷。

表 1－1　　　　中国农业生产条件主要指标

指标	1952 年	1978 年	1985 年	1990 年	2000 年	2014 年	1952～2014 年增加量
有效灌溉面积（千公顷）	19 959.0	44 965.0	44 035.9	47 403.1	53 820.3	64 539.5	44 580.5
化肥施用量（万吨）	7.8	884.0	1 775.8	2 590.3	4 146.4	5 995.9	5 988.1
农村用电量（亿千瓦时）	0.5	253.1	508.9	844.5	2 421.3	8 884.4	8 883.9
乡村办水电站发电（万千瓦）	0.8	228.4	380.2	428.8	698.5	7 322.1	7 321.3

续表

指标			1985 年	1990 年	2000 年	2014 年	1985~2014 年增加量
水库（座）			83 219.0	83 387.0	85 120.0	97 735.0	14 516.0
堤防长度（万公里）			17.7	22.0	27.0	28.4	10.7
堤防保护面积（万公顷）			3 106.0	3 200.0	3 960.0	4 279.4	1 173.4

资料来源：历年《中国农村统计年鉴》。

但从增长速度来看，各指标增长速度均呈现出显著下降的特点，如表1-2所示。有效灌溉面积、化肥施用量、农村用电量和乡村办水电站发电1979~2014年间平均增长速度分别为0.0102、0.0556、0.1049、0.1402，水库、堤防长度、堤防保护面积1986~2014年平均增长速度分别为0.0057、0.0145、0.0155。可见，我国农业基础设施建设从绝对量上来说，逐年增加，但从增长速度来看，农业投入不足使得农业基础设施建设发展较为缓慢。

表1-2　　　　中国农业生产条件主要指标增长速度

指标	1979 年	1985 年	1990 年	2000 年	2014 年	1979~2014 年平均增长速度
有效灌溉面积（千公顷）	0.0008	-0.0094	0.0553	0.0125	0.0168	0.0102
化肥施用量（万吨）	0.2288	0.0207	0.0989	0.0054	0.0142	0.0556
农村用电量（亿千瓦时）	0.1170	0.0968	0.0683	0.1141	0.0392	0.1049
乡村办水电站发电(万千瓦)	0.2097	0.0517	0.0288	0.0518	0.0286	0.1402
指标		1986 年	1990 年	2000 年	2014 年	1986~2014 年平均增长速度
水库（座）		-0.006	0.0065	0.0015	0.0001	0.0057
堤防长度（万公里）		0.0452	0.0138	0.0465	0.0327	0.0145
堤防保护面积(万公顷)		0.0195	0.0011	0.0912	0.0614	0.0155

资料来源：根据历年《中国农村统计年鉴》相关数据计算得到。

就农业机械化水平而言，我国农业机械水平逐年增加，1957～2014年主要农业机械拥有量及增长速度分别见表1－3和表1－4。从表1－3可以看出，我国农业机械总动力1962～2014年53年间增加了10 730亿瓦，增长了141.74倍。大中型拖拉机增加了562.46万台，增长了102.38倍，小型拖拉机增加了1 729.7万台，增长了17 297倍。相应的大中型拖拉机配套农具增加了870.4万部，增长了45.33倍。联合收获机增加了157.87万部，增长了267.30倍。到2014年底，第一产业劳动力占全社会从业人员比重已由1952年的83.5%降至29.5%，标志着我国农业机械化取得了一定发展，这说明一方面农业生产方式发生了重大变革；另一方面说明我国农业发展方式发生重大转变，由原来依赖和占用人力资源向依靠科学技术和现代农业装备转变。但从农业机械化水平增长速度来看，从1978～1990年我国农业机械总动力增加不到3倍，尤其是农用大中型拖拉机增加不足2倍、大中型拖拉机配套农具增加不足1倍。可见，与日益增长的农业机械化需求相比，农业机械化供给速度较缓慢。

表1－3　　我国农业机械化主要指标

指标	1962年	1978年	1990年	2014年	1990～2014年增长量
农用机械总动力（亿瓦）	75.7	1 175.0	2 870.8	10 805.7	10 730.0
大中型拖拉机（台）	54 938	557 358	813 521	5 679 500	5 624 562
小型拖拉机（万台）	0.1	137.3	698.1	1 729.8	1 729.7
大中型拖拉机配套农具（万部）	19.2	119.2	97.4	889.6	870.4
联合收获机（台）	5 906	18 987	38 719	1 584 600	1 578 694
渔用机动船（艘）	5 657	47 176	320 927	524 848	519 191
渔用机动船动力（万千瓦）	33.3	213.6	696.0	1 605.3	1 572.0

资料来源：历年《中国农村统计年鉴》。

表 1－4　　我国农业机械化主要指标增长速度

指标	1978 年/1962 年	1990 年/1978 年	2014 年/1990 年
农用机械总动力（亿瓦）	15.52	2.44	3.76
大中型拖拉机（台）	10.15	1.46	6.98
小型拖拉机（万台）	1 373.00	5.08	2.48
大中型拖拉机配套农具（万部）	6.21	0.82	9.13
联合收获机	3.21	2.04	40.93
渔用机动船（艘）	8.34	6.80	1.64
渔用机动船动力（万千瓦）	6.41	3.26	2.31

资料来源：根据历年《中国统计年鉴》相关数据计算得到。

我国农业基础设施建设速度慢、整体水平比较低，而且区域发展差距较大，中西部地区的农业基础设施建设薄弱，农业机械化水平低，这些问题使得农业抵御自然灾害、驾驭市场的能力较差，制约了农业现代化水平的提高。图 1－2 是 1952～2014 年中国农业受灾面积、成灾面积和受灾面积、成灾面积占农作物播种面积比重。由图 1－2 可以看出，受灾面积、成灾面积分别与受灾面积、成灾面积占农作物播

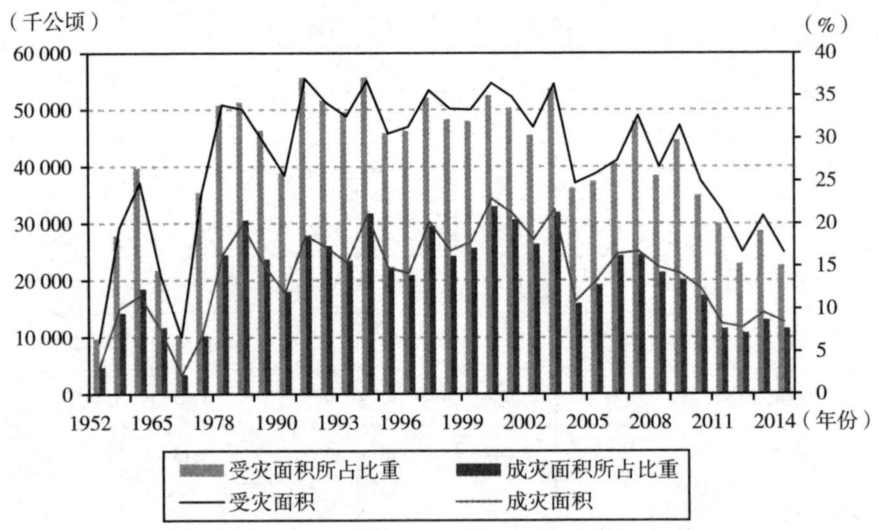

图 1－2　中国农业受灾面积和成灾面积

资料来源：历年《中国农村统计年鉴》。

种面积比重趋势相同，大体呈现出上升态势，近年来有所下降，且波动性较强，反映了我国农业抵御自然灾害能力较差，面临的不确定性较大。

（二）不同农业投资主体分析

农业投资的主要来源包括国家、集体、农户、企业、金融机构和外资等，具体而言：

1. 国家财政农业支出

1950 年以来，国家财政用于农业的支出，总体来说，呈现上涨趋势。图 1－3 是 1950～2012 年国家财政用于农业的支出及其增长率，其中，国家财政用于农业的支出去除了价格指数的影响（1950 年＝100）。国家财政用于农业的支出由 1950 年的 2.74 亿元增加到 2012 年的 1 473.70 亿元，增长了 536.85 倍。但国家财政支农支出增长率呈现出波动性较强的特点，特别是 1950～1980 年，波动较为剧烈。1950～2012 年 63 年中有 47 年增长率大于 0，16 年出现负增长。增长率最高出

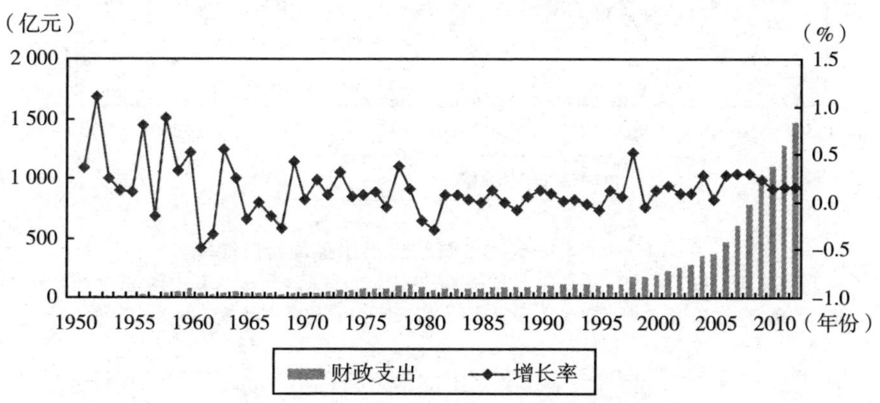

图 1－3 国家财政用于农业的支出及其增长率

资料来源：1950～1997 年国家财政用于农业的支出数据来源于《新中国 50 年统计资料汇编》，1998～2012 年数据来源于历年《中国统计年鉴》。增长率经相关数据计算得到。

现在 1952 年，达 110.08%，增长率最低为 1961 年的 -47.78%，平均增长率为 13.66%。其中，20 世纪 50 年代、60 年代、70 年代、80 年代和 90 年代国家财政支农支出的平均增长率分别为 42.22%、3.38%、13.65%、-2.10%、12.28%，2000~2012 年平均增长率为 18.20%。可见，1950~2012 年，国家财政用于农业支出的增长率波动性较强，且呈现出波动中下降趋势，由 1952 年的 110.08% 下降到 2012 年的 15.01%。

从相对量来看，农业支出占财政支出的比重，总体来看，呈现出波动中稍有增加的态势。图 1-4 是 1950~2012 年间农业支出占财政支出比重及其波动率。农业支出占财政支出的比重 1950 年为 4.03%，2012 年为 9.8%。1950~2012 年，农业支出占财政支出比重平均为 9.56%，最高出现在 1964 年的 17.05%，最低出现在 1951 年的 3.43%，农业支出占财政支出的比重波动较剧烈。

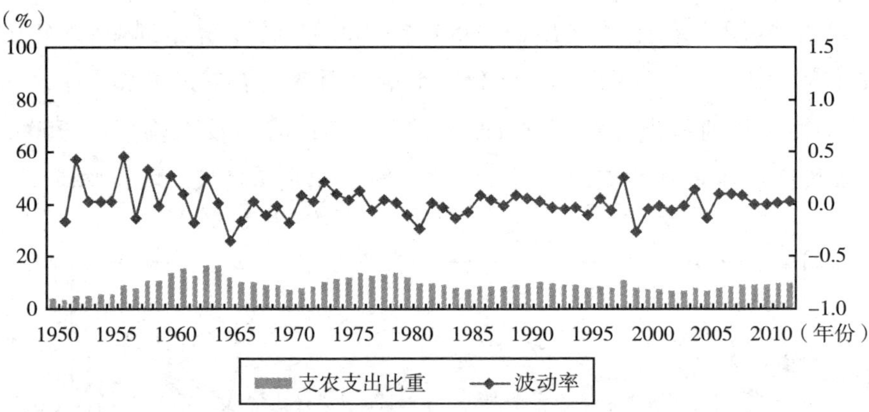

图 1-4　农业支出占财政支出比重及其波动率

资料来源：1950~1997 年农业支出占财政支出比重数据来源于《新中国 50 年统计资料汇编》，1998~2012 年数据来源于历年《中国统计年鉴》；波动率经相关数据计算得到。

进一步地，农业支出占财政支出的波动率，$fluctuate_t^{govern} = \ln(invest_t^{govern} / invest_{t-1}^{govern})$。$invest_t^{govern}$、$invest_{t-1}^{govern}$ 分别表示第 t 期、第 $t-1$ 期的农业支出占财政支出比重。由图 1-4 可知，农业支出占财政支出的比重波动幅度最小发生在 2009 年、2010 年，为 0，1956 年波动幅度最大，为

45.94%，63 年间平均波动率为 10.45%。

国家财政农业支出不足是农业投资水平低的直接原因。历史上，为了经济发展，实行工业率先发展战略，通过实行工农业产品“剪刀差”，农业大量剩余流向工业，为工业化发展提供资金支持。尽管国家对农业的支持力度从绝对量上是逐年增加的，但农业各税也在逐年增加，到2007 年，农业各税是1950 年的75.35 倍。1950～1957 年，国家对农业的索取大于国家对农业的给予，即农业各税大于财政支农支出。图 1－5 是支农支出占财政支出比重、农业各税占税收收入比重、农业产值占 GDP 比重对比情况。由图 1－5 可知，支农支出在财政支出中所占比重增幅不大，由 1952 年的 5.25% 增加到 2012 年的 9.8%。农业各税占税收收入比重虽然逐年下降，直到 1962 年，农业各税占税收收入比重大于支农支出占财政支出比重。但与农业对国民经济的贡献，即农业产值占 GDP 的比重对比可知，支农支出占财政支出比重较小。

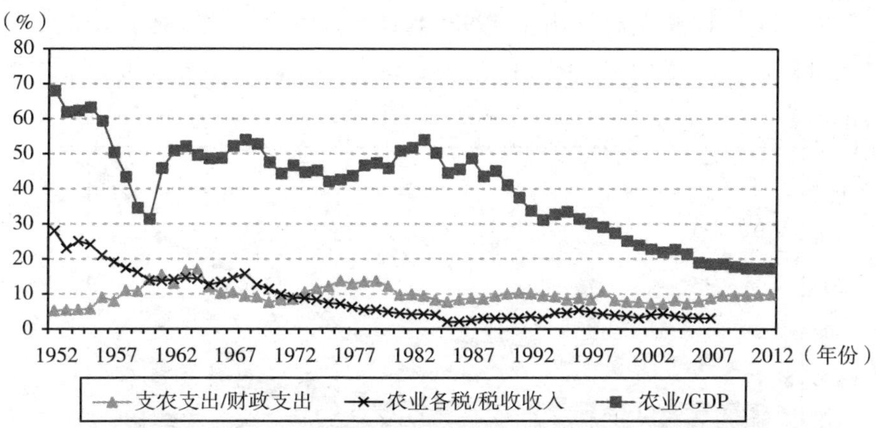

图 1－5 财政支农支出比重、农业各税占税收收入及农业产值占 GDP 比重

资料来源：1950～1997 年各原始数据来源于《新中国 50 年统计资料汇编》，1998～2012 年各原始数据来源于历年《中国统计年鉴》。

2. 农户农业投资

农户对农业的投资主要包括两部分：家庭经营费用支出和购买生产

性固定资产支出。图1-6是农户农业投资情况（去除了物价水平的影响，1950年=100），具体指标包括：农村居民家庭平均每人全年总支出、农业投资支出、家庭经营费用支出、购买生产性固定资产支出、农林牧渔生产支出。其中，农村居民家庭平均每人全年总支出包括生产费用支出、生活费用支出和其他非生产性支出，农业投资支出=家庭经营费用支出+购买生产性固定资产支出。由图1-6可以看出，农村居民家庭平均每人全年总支出、农业投资支出、家庭经营费用支出、购买生产性固定资产支出、农林牧渔生产支出各项指标均呈现出逐年增长趋势，但增长幅度差别较大。农村居民家庭平均每人全年总支出增长幅度较大，由1983年的191.74元/人增加到2012年的1 066.16元/人，增加了874.42元/人；农业投资支出1983年为58.33元/人，2012年增加到327.25元/人，增加了268.92元/人；家庭经营费用支出、购买生产性固定资产支出分别由1983年的47.43元/人、10.89元/人增加到2012年的295.39元/人、31.86元/人，30年间各自增加了247.96元/人、20.96元/人；农林牧渔生产支出由1993年的52.00元/人增加到2012年的246.44元/人，增加了194.43元/人。可见，农村居民家庭人均全年总

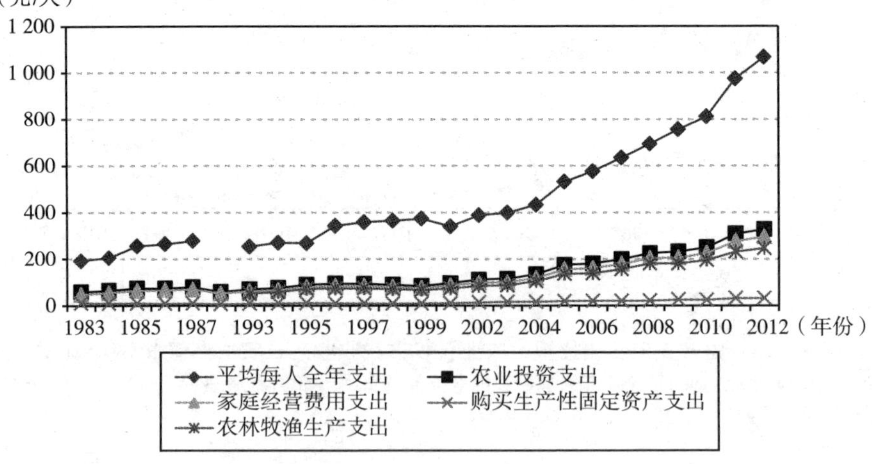

图1-6　农户农业投资

资料来源：各原始数据均来源于历年《中国农村统计年鉴》。

支出增加较多的是消费性支出，而不是生产性支出。生产性支出中增加较多的是农林牧渔生产性支出，购买生产性固定资产支出增加的较少，30 年仅增加 20.96 元/人。

从农业投资的相对量来看，图 1 -7 是农户农业投资相对量情况。由图 1 -7 可知，农业投资支出在农村居民家庭平均每人全年总支出中所占比重始终在 30% 左右徘徊，增幅不大。1983 年为 30.42%，到 2012 年为 30.69%。可见，农村居民家庭平均每人全年总支出中，非生产性支出所占比重较大。具体到农业投资内部而言，家庭经营费用支出中农林牧渔业生产支出占绝对比重，始终在 80% 以上，但 1983 ~ 2012 年略有下降趋势。家庭经营费用支出在农业投资总支出中所占比重较大，家庭经营费用支出在农村居民家庭平均每人全年总支出中所占比重在 25% 左右，增幅较小，1983 年这一比重为 24.74%，2012 年为 27.71%，稍有增加。农林牧渔业生产性支出在农村居民家庭平均每人全年总支出中所占比重由 1993 年的 14.56%，到 2012 年为 21.17%，有一定程度增加。而购买生产性固定资产支出在农村居民家庭平均每人全年总支出中所占比重较小，且仍在下降，1983 这一比重为 5.68%，

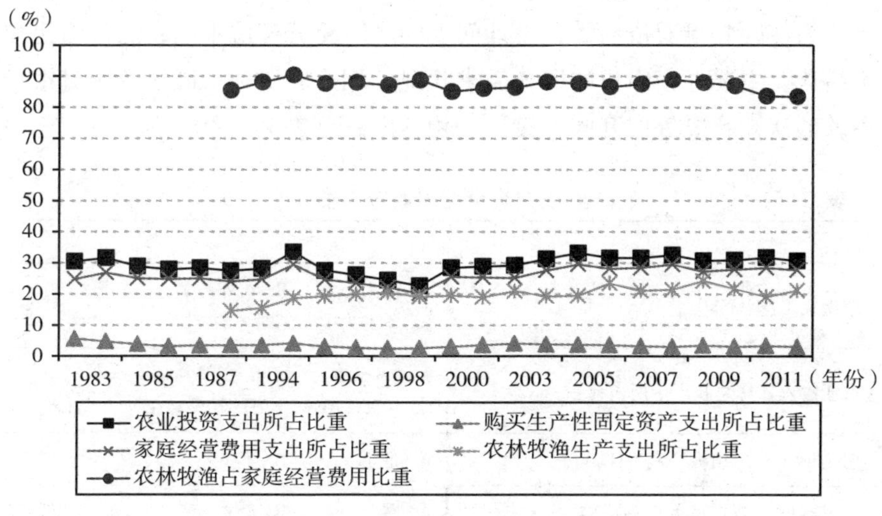

图 1 -7　农户农业投资相对量

资料来源：各原始数据均来源于历年《中国农村统计年鉴》。

到2012年下降到3%。由此可见，农户的投资热情不高，农村居民家庭平均每人全年总支出中消费性支出较大，生产性支出较小，特别是购买生产性固定资产支出在农村居民家庭平均每人全年总支出中所占比重较小，且有下降趋势。

进一步地，我们考察农户农业投资的资金需求情况。农户自身对于贷款的需求并不是很大，绝大多数农户自有资金可以解决农时需要，而且每年农产品收成后均有盈余，这个从农区支行每年储蓄存款都会上升可知。

另外，我们通过调研方式了解农户农业投资的资金需求情况。主要选取农业大省——山东省作为调研地点，通过对山东省威海市荣成人和镇、山东省潍坊市诸城百尺河镇王家大村、山东省潍坊市临朐县冶源镇、山东省青州市弥河镇贾庙村、济宁兖州、黄河涯镇大于庄村、黄河涯镇罗家院村调研，调查对象为随机抽取的村民，调查的方法是请社区工作人员或请当地村民帮忙发放及完成调查问卷的方式。此外，也将问卷随机发给部分农村籍大学生，让他们放假回家时帮助父母完成此项调查，这样可保证问卷的回收率。

为使问卷更通俗易懂，设计问卷问题时充分考虑了问卷的口语化和生活化，主要考察农户的资金需求状况、用途、资金来源渠道、对银行借款的认知状况等展开问卷设计，相关问题见表1-5。

表1-5　农户资金需求调查问卷

变量	答案
您现在工作？N1	A. 在家务农　B. 在外务工 C. 务工为主，闲时务农
农业收入在您总收入中所占比重？N2	A. 0~30%　B. 30%~50% C. 50%~70%　D. 70%以上
您是种（养）植大户吗？N3	A. 是　B. 不是
村里有种（养）植大户吗？N4	A. 有　B. 没有
您承包过土地吗？N1	A. 包过　B. 没有

续表

变量	答案
您有土地出租给别人吗？N6	A. 有　　　B. 没有
您需要贷款吗？M1	A. 需要　B. 不需要　C. 没考虑
您贷款干什么用？M2	A. 生活所需　B. 农业生产所需
您若缺钱，会向谁借？M3	A. 邻居　　　B. 亲戚 C. 银行贷款　　D. 民间借贷
您觉得去银行贷款，有哪些缺点？可多选。Y1	A. 手续多　B. 没抵押，不满足银行的要求 C. 利率高　D. 嫌麻烦
您了解银行贷款吗？Y2	A. 一点不了解　　B. 了解一点 C. 了解　　　　D. 非常了解
您对银行工作人员的满意度。Y3	A. 非常满意　B. 满意 C. 一般　　　D. 不满意

（1）被调查者的基本情况。

考虑到本部分的研究主题，设计“性别”“居住地区”“年龄”“文化水平”“工作情况”考察样本的代表性。调查对象中，男女比例为：53.7∶46.3，城乡人口比为：30.4∶69.6，各年龄段所占比例为：27.4∶38∶23.8∶10.9，文化水平之比为：17.2∶37.1∶29.4∶16.4。可见，所调查对象有一定的代表性。

（2）农业生产情况。

1 688 个调查对象的农业生产情况如表 1 – 6 所示。务农、务工、务工为主，闲时务农人员数之比为：18.3∶51.0∶30.7。有 62.5% 农业收入在总收入中所占比重不到 50%，75.5% 不是种（养）植大户，67.6% 村里没有种（养）植大户，60.6% 没有将土地出租过，41% 承包过土地。可见，由于农业比较收益低，务工成为农民收入重要来源。但由于农民的乡土情结以及土地所附着的利益，对土地的依赖性较大，大多数农民仍保有自己的土地。

表 1－6　　农业生产情况　　单位：%

问题	未填	填写	A	B	C	D
N1		678	18.3	51.0	30.7	
N2		680	36.8	25.7	28.2	9.3
N3		678	24.5	75.5		
N4		670	32.4	67.6		
N5		678	41.0	59.0		
N6		670	39.4	60.6		

（3）资金需求状况。

在所调查对象中（见表 1－7），有 47.4% 不需要贷款，25.7% 没有考虑过贷款，只有 27% 需要贷款。在贷款用途方面，71.7% 是生活所需，只有 28.3% 是农业生产所需。就融资渠道而言，有 55.6% 靠邻居、亲戚，有 20.2% 选择民间借贷，只有 29.6% 选择从银行借款。可见，农户的资金需求主要是源于生活所需，而不是农业生产，且主要依靠亲戚朋友。

表 1－7　　资金需求状况　　单位：%

问题	未填	填写	A	B	C	D
M1		682	27.0	47.4	25.7	0.0
M2		530	71.7	28.3	0.0	0.0
M3		682	5.9	49.7	29.6	20.2

综上所述，农户资金需求规模相对较小，主要是生活所需，农业生产所需资金较少，且主要靠邻里、亲戚解决。

3. 农业企业发展情况及行业对比

农业企业主要从事农产品生产和贸易，其经营发展水平在较大程度上反映了农业产业发展状况。特别是农业上市公司，作为国民经济基础的农业龙头企业，代表了农业发展的前沿方向，对于引导整个农业发展、农民增收、促进农业产业结构调整和升级具有重要作用。农业在国民经济中起着基础作用，国家在许多方面给予了优惠政策，如税收优惠、财政补贴等，农业上市企业的发展也取得了一定的成绩。图1－8是农业上市企业发展情况，时间范围是1990～2015年。从农业上市企业的数量来看，1990～2015年，农业上市企业数量呈现出逐年增加的态势。到1993年，农业上市企业从无到有逐年增加，1993年为2家，到2015年增加到42家。从农业上市企业资产情况来看，农业上市企业平均实收资本本期期末值大体呈现出增加态势，但增长幅度不大，2013年之后有了较大幅度增加。

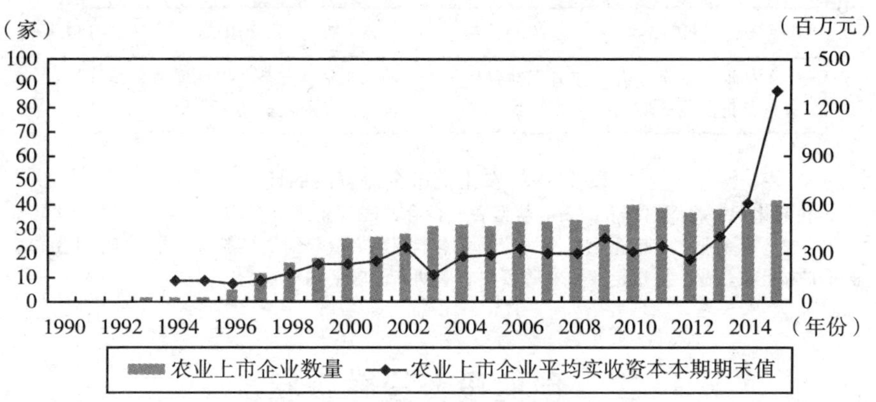

图1－8　农业上市企业发展情况

资料来源：将国研网利润表等数据表进行合并匹配整理计算得到。其中，农业上市企业平均实收资本本期期末值是在各个年份上将农业上市企业实收资本本期期末值求平均得到。

但是，长期以来，与其他非农业类上市公司相较而言，我国农业上市企业的发展水平较低。对比农业上市企业、非农业上市企业、所有上市企业发展情况，如图1－9所示。

从图1－9可以看出，就农业上市企业数量在所有上市企业数量中所占比重而言，农业上市企业占上市企业总数量的比重始终较小，最小为1995年的0.84%，最高出现在2000年，农业上市企业数量占上市企业总数量的2.81%。从实收资本来看，农业上市企业实收资本呈现出增长态势，但始终位于上市企业、非农业上市企业实收资本之下（除2015年外）。上市企业实收资本与非农上市企业实收资本趋势、数值基本相同，这也反映了农业上市企业数量太少，规模太小，从而农业上市企业实收资本对整体上市企业实收资本的影响较小。

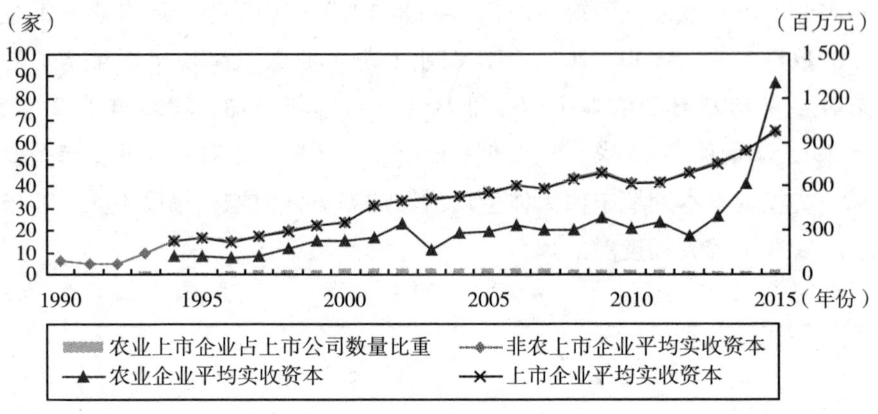

图 1-9 农业上市企业发展对比

资料来源：将国研网利润表等数据表进行合并匹配整理计算得到。其中，农业上市企业（非农上市企业、上市企业）平均实收资本本期期末值分别是在各个年份上将农业上市企业（非农上市企业、上市企业）实收资本本期期末值求平均得到。

二、创业投资投融资状况

创业投资，也就是人们常说的“风险投资”，是投资者以集合投资方式设立基金，委托创业投资管理机构向不成熟的、具有高成长性和市场竞争力的企业（项目）提供股权资本，并为其提供经营管理服务，待企业成熟后，通过股权转让等方式获得资本增值的一种特殊投融资方式。创业投资作为一种促进创新、创业的重要工具，是发展高新技术产业的孵化器和助推器，这已得到许多国家实践的证明。中国于 1985 年在《中共中央关于科学技术体制改革的决定》中首次提出“创业投资”，但创业投资却是从 1999 年前后真正开始发展的，尤其是 1999 年国务院出台《关于建立创业投资机制的若干意见》确立了创业投资发展的政策措施，极大地推动了创业投资的发展。中国创业投资行业呈现出以下特征：

（一）机构数和管理资本呈增长态势

图 1 - 10 是中国创业风险投资企业总量及增长情况。由图 1 - 10 可知，1994 ~2013 年中国创业风险投资机构数大体呈现出增长态势，由 1994 年的 26 家，1998 年的 76 家，至 1999 年增长较快，增加到 118 家，至 2013 年增加到 1408 家。从增长速度来看，2000 年之前增长速度较快，到 2000 年达最高，较上年增长了 111%。随后，增长速度减缓，到 2003 年、2004 年出现了负增长，仅到 2005 年已恢复到正增长，2010 年达到 2003 年之后年份最高速度，较上年增长 50. 5%。20 年间，增长速度有所减缓，平均增长速度为 24. 8%。

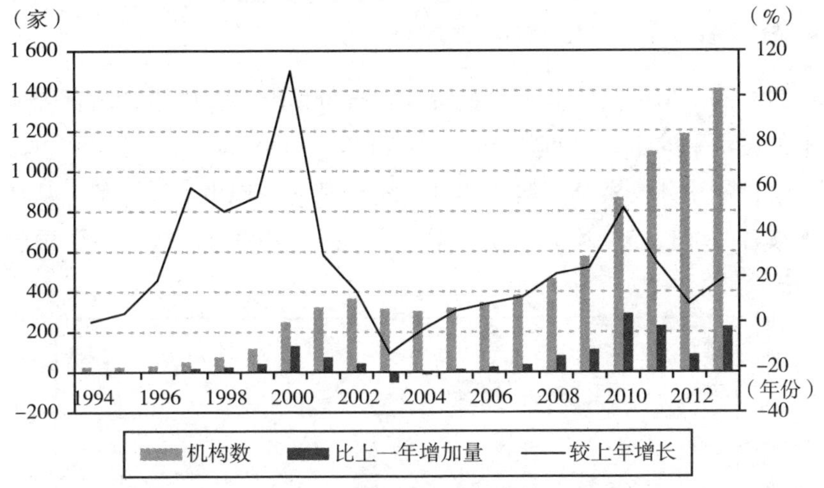

图 1 - 10　中国创业风险投资机构数

资料来源：根据历年《中国创业风险投资发展报告》相关数据整理计算得到。

图 1 - 11 是中国创业风险投资管理资本情况。其中，管理资本总额及基金平均管理资本规模去除了物价水平的影响（以 1950 年 =100）。由图 1 - 11 可知，中国创业风险投资管理资本无论是总体规模，还是平均管理规模，大体呈现增长态势。但从增长速度来看，除 2003 年、2004 年出现负增长外，其余年份均为正增长，增长速度有所减缓，平

均增长速度为28.48%。

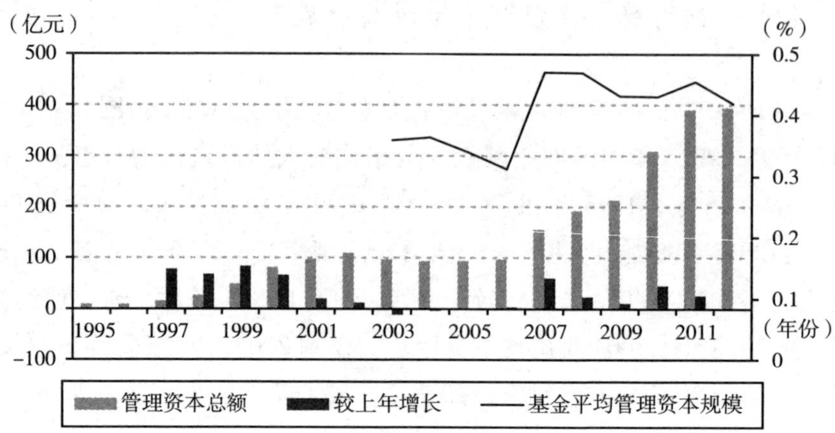

图1-11　中国创业风险投资管理资本

资料来源：历年《中国创业风险投资发展报告》。

图1-12是中国创业风险投资累计投资情况。其中累计投资金额去除了价格水平的影响（即以1950年=100）。由图1-12可知，中国创业风险投资累计投资项目数、累计投资金额均呈现出上涨态势。从增长速度来看，增长速度均大于0，但两者增长速度均有所放缓。中国创业

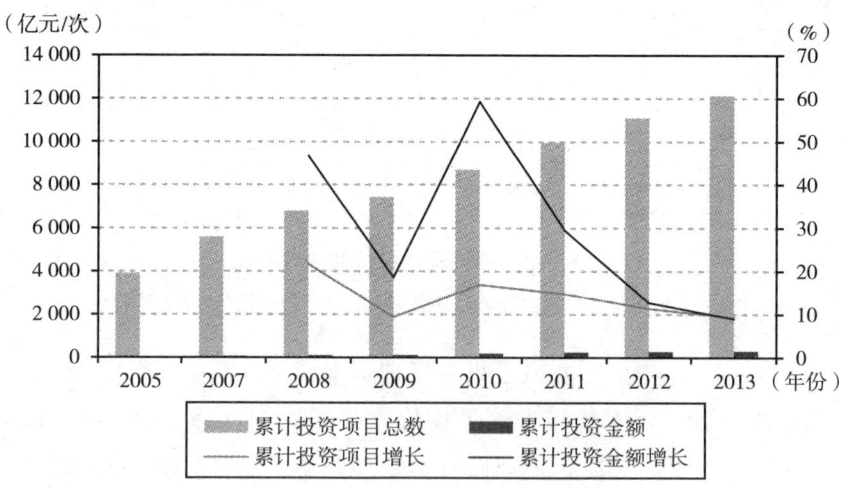

图1-12　中国创业风险投资累计投资

资料来源：根据历年《中国创业风险投资发展报告》相关数据整理计算得到。

风险投资累计投资项目数、累计投资金额增长速度分别由 2008 年的 21.68%、46.68%下降到 2013 年的 9.33%、9.01%。

（二）创业投资机构大规模和集团化趋势

图 1－13 是 2006～2013 年中国不同规模创业风险投资机构数分布情况。由图可知，管理资金在 5 000 万元以下的创业风险投资机构占机构总数的比重显著下降，2006 年这一比例为 37.6%，到 2013 年这一比例下降到 22.5%；管理资金在 5 000 万元～1 亿元的创业风险投资机构所占比重也呈现下降趋势，由 2007 年的 27.1%下降到 2013 年的 24.4%。而管理资金在 1 亿元以上的创业风险投资机构在机构总数中所占比重均呈现上升态势，管理资金在 1 亿～2 亿元、2 亿～5 亿元、5 亿元以上的创业投资机构占机构总数的比重分别由 2007 年的 12%和 2006 年的 13.5%、7.3%增加到 2016 年的 22.1%、19.8%、10.1%。可见，中国创业风险投资机构中小规模企业所占比重逐步减少，而大规模企业所占比重逐步增多。

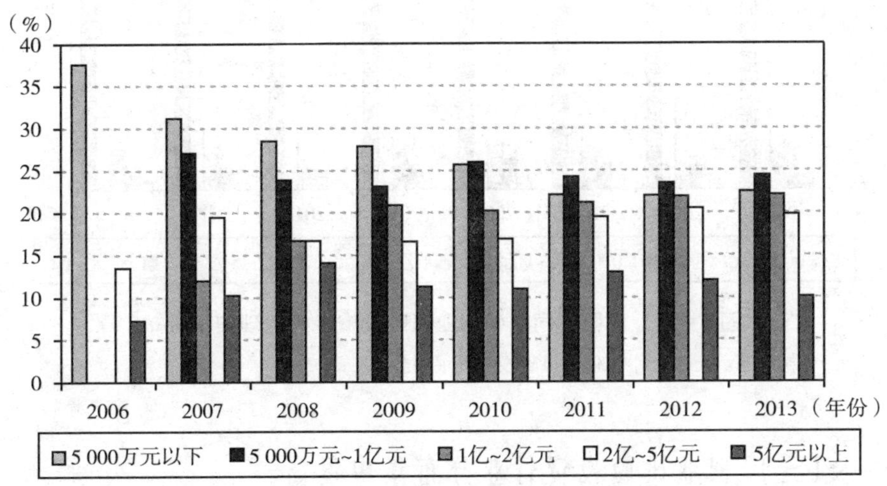

图 1－13　中国不同规模创业风险投资机构数分布

资料来源：历年《中国创业风险投资发展报告》。

按管理资金规模划分，图1－14是2006～2013年中国不同规模创业风险投资机构管理资本分布情况。由图可知，管理资金规模在5亿元以下的机构掌握的中国创业风险投资总资本比重均表现出下降的特点，规模在5 000万元以下、5 000万元～1亿元、1亿～2亿元、2亿～5亿元的机构所占管理资本的份额分别由2006年的4.7%、11.2%、12.6%、20.8%下降到2013年的2.1%、5.9%、9.7%、17.7%，而管理资金规模在5亿元以上的机构所占管理资本的份额逐步增加，由2006年的50.7%增加到2013年的64.6%。2016年，创业风险投资机构中规模最大的机构，即管理资金规模在5亿元以上的机构，其机构数在总机构数所占比重为10.1%，但其占有了64.6%的总资本。可见，中国创业风险投资机构呈现出大规模企业增多、集中度上升（集团化）的特点。

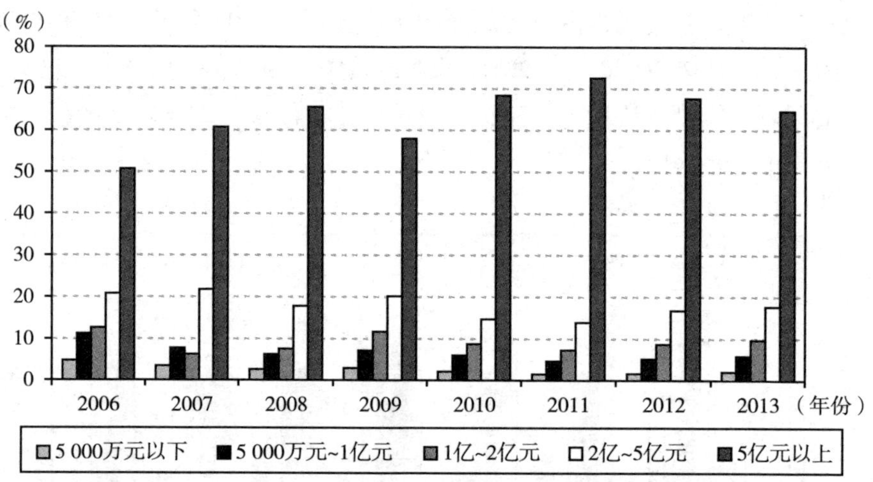

图1－14　中国不同规模创业风险投资机构管理资本分布

资料来源：历年《中国创业风险投资发展报告》。

（三）创业风险投资行业分布集中度高

中国创业风险投资的投资行业分布呈现出集中度较高的特点，但有所下降。表 1－8、表 1－9 分别是中国创业风险投资产业投资项目投资金额、中国创业风险投资产业投资项目数的行业分布情况。

表 1－8　　中国创业风险投资产业投资项目投资金额的行业分布　　单位：%

项目	2004 年	2005 年	2006 年	2007 年	2008 年	2009 年	2010 年	2011 年	2012 年	2013 年
软件行业	4.5	3.5	14.6	16	6.2	10.9	2.9	2.1	2.41	2.02
计算机硬件产业	0.7	0.9	0.4	0.6	3.4	0.1	1.1	0.7	1.1	0.68
网络产业	1.1	2.7	1.5	0.5	2.7	1.8	2.8	2.5	2.05	1.9
通信设备	**8.2**	3.5	4.6	2.9	1.8	1.9	1	2.8	3.63	3.11
IT 服务业	**10**	**7.1**	3.1	1	4.6	1.5	3.2	2.8	3.14	3.58
半导体	4.6	**16.5**	2.1	1.3	2.9	2.3	1.2	1.3	1.44	1.4
其他 IT 产业	2.7	2.4	3.2	1.3	2.3	2.2	1.2	1.5	1.68	0.36
环保工程	1	3.1	1.3	1.5	1.3	1.8	3.3	2.6	2.81	2.89
生物科技	4.1	**7.4**	5.4	2.3	5.7	2.5	3.9	3.9	2.8	2.27
新材料工业	**10.1**	5.7	**7.5**	**7.9**	4.4	6.4	**9.3**	**8.7**	**7.81**	**7.13**
采掘业	2.3	4.5	3.7	1.9	3.6	1.5	2.5	0.6	1.3	0.51
光电子与光机电一体化	4.9	5.5	4.1	2.1	4	4.1	4.2	3.3	3.49	4.62
科技服务	1.5	2.1	1.2	4.9	2.1	2	2.3	1.6	1.64	1.02
新能源、高效节能技术	3.7	**8.8**	7	4.6	7.7	**8.5**	**8.3**	6.2	**7.19**	**8.69**
医药保健	**8.3**	4.3	2.7	2	2.5	4.9	5.3	3.8	4.85	**10.04**
消费产品和服务	2.4	1.7	4.1	1.4	3.9	4.3	7.1	**9.4**	6.27	5
传播与文化娱乐	6	3.2	1.1	2.2	1.8	2.5	2.1	2.2	**6.35**	6.16
传统制造业	3.8	**8.9**	**11.3**	**12.6**	**15.6**	**11.9**	**10.1**	7.7	**10.1**	**7.19**
农林牧渔业	**9.1**	0.5	**9.4**	1.2	2.6	3.5	4.1	4.1	6.07	6.33
金融保险业	5.7	3.4	3.8	**22.1**	**8.2**	**15.2**	**7.8**	2.4	5.42	**10.12**
批发和零售业	1.9	0	0.6	1.1	0	0.3	0.7	1.2	0.85	0.5
其他行业	3.5	4	**7.6**	**8.3**	**12.7**	**10**	**15.7**	**11.2**	**7.62**	2.65

续表

项目	2004年	2005年	2006年	2007年	2008年	2009年	2010年	2011年	2012年	2013年
核应用技术	0	0.3	0	0	0	0.1	0	0.4	0.24	0.17
房地产业								4.9	1.24	0.21
建筑业								1.6	1.94	1.32
交通运输仓储和邮政业								1.4	0.35	2.57
其他制造业								**8.2**	4.83	5.3
社会服务								0.7	1.09	1.86
水电煤气								0.1	0.29	0.25
前五大行业份额之和	45.7	48.7	50.4	66.9	50.4	56.5	51.2	45.2	39.07	43.17

资料来源：历年《中国创业风险投资发展报告》整理得到。

表1-9　　中国创业风险投资产业投资项目数的行业分布　　单位：%

项目	2004年	2005年	2006年	2007年	2008年	2009年	2010年	2011年	2012年	2013年
软件行业	7.2	**10**	**12.5**	**17.1**	**9.7**	**13.9**	**7**	3.5	3.12	5.32
计算机硬件产业	1.4	1.2	1	1.1	1.3	0.4	1.4	1.3	1.5	1.22
网络产业	2	2.4	2.6	2.4	2	3.1	4.8	3.2	2.82	3.74
通信设备	**7.9**	6	4.1	2.7	3.9	3	2.5	3.2	3.72	3.18
IT服务业	**9.9**	**6.7**	2.6	2.6	3.8	3.3	4.2	4.1	3.42	4.17
半导体	4.4	4.8	2.4	3	2.7	3.8	2.5	1.7	1.44	2.51
其他IT产业	3.4	2.1	3.8	2.6	3.2	3.7	2.3	2.4	1.92	1.01
环保工程	2.4	2.7	2.2	2.2	2.2	2.7	3.3	3.2	3.06	3.95
生物科技	5.5	**8.2**	**7.9**	5.6	**6.1**	5.5	5.6	3.3	4.8	4.17
新材料工业	**9.6**	**7.6**	**10.3**	**9.6**	**6.6**	**7.2**	**10.1**	**9.5**	**8.76**	**7.61**
采掘业	1.4	3.6	1.2	1.2	1.5	1	1.2	0.7	0.48	0.57
光电子与光机电一体化	**7.2**	**10**	5	4.5	5.9	5.1	6	4.6	3.78	4.89
科技服务	5.1	3.3	2.2	2	4.5	2.7	2.5	1.8	2.58	1.94
新能源、高效节能技术	2	4.5	5	**5.7**	5.1	**6.3**	**7.8**	6	**7.2**	**6.75**

续表

项目	2004年	2005年	2006年	2007年	2008年	2009年	2010年	2011年	2012年	2013年
医药保健	**7.2**	6.1	5	3.3	4.8	6	5.8	4.4	**6.18**	**9.99**
消费产品和服务	1.4	3.3	3.4	1.9	2.8	3.1	4.1	**7.2**	3.54	3.45
传播与文化娱乐	3.8	2.7	2.2	2	1.7	2.1	1.9	2.4	5.28	5.24
传统制造业	5.8	6.7	**6.7**	**13.8**	**14.2**	**9.4**	**7.3**	**8**	**8.82**	**6.03**
农林牧渔业	3.8	1.8	3.1	1.2	2.6	2.3	3.2	4.8	4.74	3.66
金融保险业	2.4	2.4	4.3	5	4.9	5.4	4.1	2	4.2	**6.54**
批发和零售业	1.4	0	1.9	1.2	0.2	0.3	0.7	1.2	0.72	0.36
其他行业	4.8	3.6	**10.6**	**9.2**	**10.4**	**9.7**	**11.7**	**8.4**	**7.26**	3.74
核应用技术	0	0.3	0	0	0	0.1	0	0.5	0.48	0.29
房地产业								0.3	0.54	0.29
建筑业								1.8	1.62	1.22
交通运输仓储和邮政业								0.8	0.24	1.15
其他制造业								**8.3**	4.98	4.67
社会服务								1.3	2.34	1.87
水电煤气								0.1	0.42	0.29
前五大行业份额之和	41.8	42.5	48	55.4	47	46.5	43.9	41.4	38.22	36.92

资料来源：历年《中国创业风险投资发展报告》整理得到。

由表1－8可知，中国创业风险投资年度投资金额在总投资金额中所占比重最高的五个行业在2010年之前集中了50%以上的份额，2011年之后，集中度有所下降，但仍占有40%以上的份额。

由表1－9可知，中国创业风险投资年度投资项目数在总投资项目数中所占比重最高的五个行业在2010年之前集中了40%以上的份额，2011年之后，集中度有所下降，但仍占有35%以上的份额。可见，我国创业风险投资的行业分布进入相对稳定阶段，每年50%左右的投资集中在少数几个行业，这少数几个行业多是现代服务业、（战略性）新兴产业和具有较大增长潜力的新兴业态，其余分布比较均匀。这和行业自身属性的客观需求、经济政策、全球化、经济发展阶段、经济发展方式转变和经济结构调整有关。现代服务业、（战略性）新兴产业具有资源消耗少、环境污染小、技术领先、产值高的特点，而新兴业态符合产业结构调整、产业结构升级、消费结构调整和消费结构升级的发展方向，成为经济发展重点。此外，对比表1－8、表1－9可以发现，中国创业风险投资产业投资项目投资金额所占比重最高的五个行业集中度大于年度投资项目数在总投资项目数中所占比重最高的五个行业的集中度，说明我国创业风险投资仍将较多的投资金额集中在少数行业、少数项目中，但集中度有所下降，对其余行业的关注度增加。

图1－15是中国创业风险投资对高新技术产业与传统产业的投资比较情况。

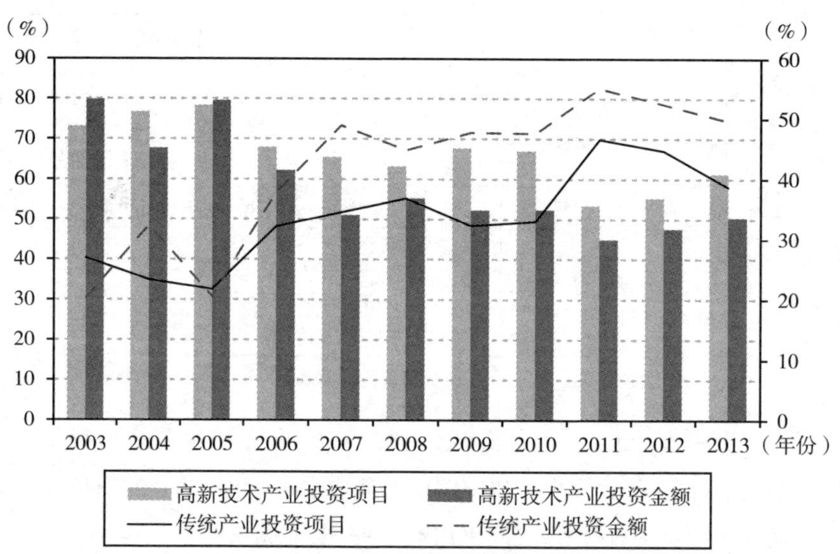

图1－15　中国创业风险投资对高新技术产业与传统产业的投资比较

资料来源：历年《中国创业风险投资发展报告》。

由图1－15可知，从中国创业风险投资对高新技术产业和传统产业的投资分布特点来看，无论是投资项目，还是投资金额，中国创业风险投资业对高新技术产业的投资在总投资中所占比重均呈现下降态势，但高新技术产业投资所占比重仍在50%以上。高新技术产业投资项目在总投资项目数中所占比重、高新技术产业投资金额在总投资金额中所占比重分别由2003年的73.1%、79.8%下降到2013年的61.3%、50.4%。与之相应地，创业投资行业对传统产业的投资呈现上涨态势。

三、现代农业创业投资状况

我国的创业投资事业起步于20世纪80年代，在发展初期，创业投资主要关注高风险高收益行业，主要是高科技产业。但近年来，随着“网络泡沫”的破灭以及自身发展经验的积累，投资领域发生了变化。不再只关注高科技产业，传统产业在创业投资的投资行业分布中所占比重逐步提高。随着现代农业的发展，创业投资也开始关注现代农业，投向现代农业的创业投资数量不断增加、规模不断扩大。

2016年“中央一号”文件再次聚焦农业发展问题，而以“三农”为主题的“中央一号”文件已连续发布了12年，连续第四年聚焦农业现代化，现代农业得到较快发展。随着农业现代化的深入发展，资金投入问题成为农业现代化发展的障碍，利用创业投资发展现代农业有利于解决这个问题。

（一）创业投资发展迅速并开始关注农业

近几年，创业投资发展迅速并开始关注现代农业。农业（含农林牧渔业）获得的来自创业投资的投资金额和投资项目快速增长，成为风险投资行业的新宠。按获得风险资本的投资项目数计，2010～2012年农业连续3年居全国第八位，其中，2012年投资金额约为19.33亿元，占当年全国风险投资总额（318.5亿元）的6.07%。

图1－16是中国农业创业投资发展情况，包括农业创业投资金额在创业投资总投资额中所占比重、农业创业投资项目数在创业投资总投资项目数中所占比重以及各自的增长情况。由图1－16可知，农业创业投资在创业投资中所占比重呈现增长态势，农业创业投资金额在创业投资总投资额中所占比重由2005年的最低值0.50%提高到2013年的6.33%，农业创业投资项目数在创业投资总投资项目数中所占比重由2005年的最低值1.80%提高到2013年的3.66%。但就增长速度而言，农业创业风险投资增长较慢，农业创业投资项目所占比重有两年出现负增长，农业创业投资投资金额所占比重有五年出现负增长。此外，通过对比可以发现，农业创业投资金额在创业投资总投资金额中所占比重大多高于农业创业投资投资项目数所占比重，说明农业创业投资所需投资较多，投资强度较大。

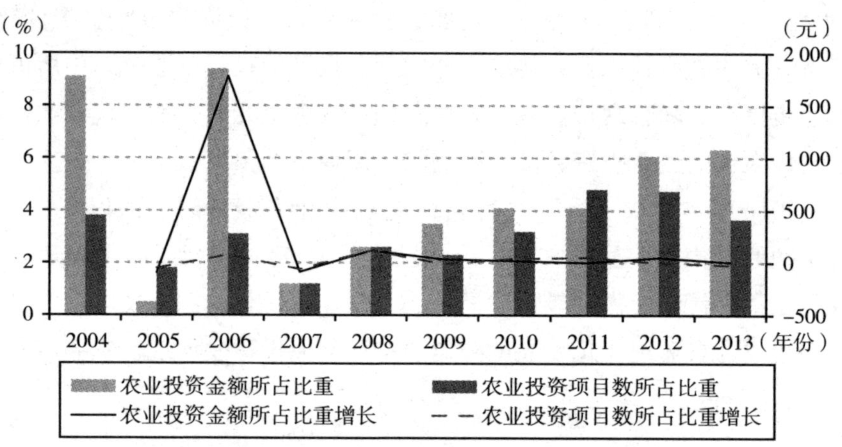

图1－16　中国农业创业风险投资

资料来源：历年《中国创业风险投资发展报告》整理计算得到。

（二）农业创业投资的投资强度大

图1－17是中国创业风险投资与农业创业风险投资的投资强度对比情况。

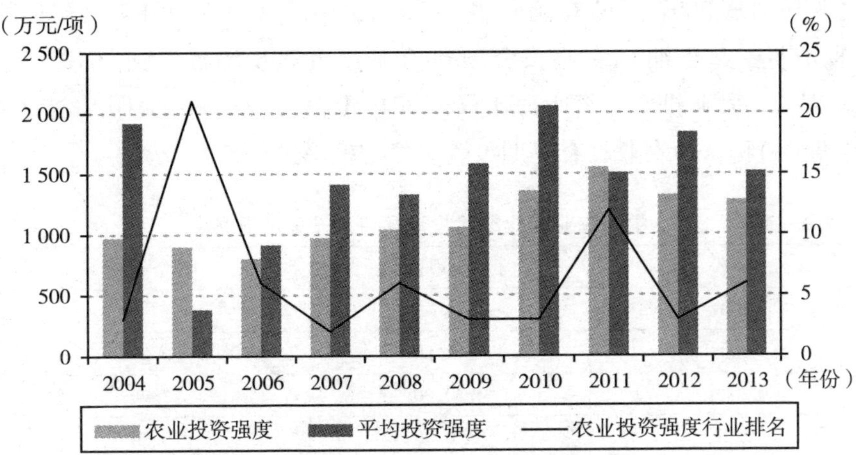

图 1－17　中国农业创业风险投资的投资强度

资料来源：历年《中国创业风险投资发展报告》整理计算得到。

由图 1－17 可知，中国创业风险投资投资强度和农业创业风险投资投资强度均呈现出增长态势。按投资强度排名计，2004～2012 年 10 间有五年农业创业投资强度位居行业前五名、有八年位居前六名，可见，农业创业投资的投资强度较大。

（三）创业投资逐步接受现代农业

就产业发展阶段来看，产业发展历经五个阶段：种子期、起步期、成长（扩张）期、成熟（过渡）期和重建期。种子期主要是重大的突破性创新与扩散、成长期是不同技术体系的竞争以及主导设计的确定过程，显示出资金密集型产业的特点、发展期主要是围绕主导设计的渐进性创新和市场扩张。

从中国农业创业风险投资的投资阶段分布情况来看，创业投资开始“逐步接受”现代农业。表 1－10 是 2007～2013 年中国农业创业风险投资项目种子期的分布。由表 1－10 可以看出，农业创业风险投资的投资阶段分布，无论是从投资项目来看，还是从投资金额来看，种子期所占比重分别从 2007 年的 0 增加到 2013 年的 12. 50%、4. 01%。初创期（种子期 + 起步期）农业投资项目所占比重逐步增加，到 2013 年达 43. 75%，农业投资金额所占比重到 2013 年达 17. 98%。说明，创业风险投资机构认为农业具有早期投资价值，值得进行长期投资。

表 1 – 10　　中国农业创业风险投资项目种子期的分布　　单位：%

年份	投资项目	投资金额
2007	0	
2008	4. 80	0. 20
2009	20. 00	7. 90
2010	6. 90	6. 30
2011	3. 80	2. 30
2012	6. 49	3. 11
2013	12. 50	4. 01

资料来源：历年《中国创业风险投资发展报告》整理计算得到。

第二章

现代农业创业投资发展的预测

一、基于产业关联测算未来现代农业发展的资金需求

随着城镇化进程的不断加快，越来越多的农业人口流向城市、从事非农产业，留在农村、从事农业生产的多为老人、妇女，其根本原因在于农业收益较低。根据 WIOD 数据计算，1995～2011 年，中国第一产业、第二产业和第三产业单位中间品投入带来的附加值分别为 0.69、2.86 和 0.89 百万美元。相应地，就美国而言，三次产业单位中间品投入带来的价值增值分别为 1.43、1.58 和 0.58 百万美元。可见，中国三次产业单位中间品投入增值存在较大差别，第一产业最低，且低于美国 0.74 百万美元。农业是关系国民经济健康发展、国计民生的基础产业，农业和第二产业、第三产业存在密切关系。

为此，从比较中美两国农业产业关联着手，分析中美农业中间投入率、中间需求率的差异及差异分解，找到美国农业单位中间品投入价值增值较多的原因，测算现代农业发展的资金需求，对于留住高素质农业从业人员，稳定国内农业生产、确保粮食安全具有重要的理论和现实意义。

就中国农业产业关联而言，相关研究不多，且进行国际比较的更少。

刘合光等（2012）对2007年中、美两国农业产业关联效应进行了比较分析，得出结论中、美两国产业关联效应存在明显差异。耿献辉等（2011）利用1987版、1992版、1997版、2002版、2007版《中国投入产出表》分析了中国农业关联产业之间的比例关系，研究结果表明我国农业投入、生产、加工制造、运销服务等四部门的产出比例为0.17∶1.00∶2.21∶0.21。前期相关研究多采用中国投入产出表进行分析，选取的时间范围多为一年或两年，这是由于中国投入产出表每5年发布一次，且不同年份的中国投入产出表在部门和行业分类上有所调整。本部分利用WIOD（World Input-Output Database）数据库，时间范围为1995～2011年，测度中、美两国农业中间投入率和中间需求率，并在此基础上，分析中美农业产业关联差异及差异的原因，进而从产业关联视角测算现代农业发展的资金需求。

（一）方法介绍

产业关联的经济学含义是各个产业部门之间相互依存、相互影响，共同形成完整的产业链条。每个产业部门都拥有要素供给者和市场需求者的双重身份。作为市场需求者是通过消费其他产业部门的产品来呈现，作为要素供给者表现为生产的产品作为中间需求而不是直接到达消费者手中，为其他产业发展提供要素投入。前者表现为投入结构问题，后者表现为销路结构问题。反映各产业部门间相互联系、互相依存的关系可用中间需求率和中间投入率两个指标衡量。

中间投入率用来衡量该产业部门在一定时期内（通常为一年）生产过程中中间投入与总投入之比。中间投入率越大，说明该产业使用的中间产品越多。用公式（2－1）表示为：

$$F_j = \sum_{i=1}^{n} x_{ij}/X_j \quad (i,j = 1,2,3,\cdots,n) \qquad (2-1)$$

其中，x_{ij}表示j产业部门为i产业部门提供的中间投入，X_j表示j产业部门产出价值总量。

中间需求率用来衡量各产业部门对某产业产品的中间需求之和。该值越大，说明该产业部门生产的产品较多作为其他产业的原材料投入使用，反之亦然。用公式（2－2）表示为：

$$G_i = \sum_{j=1}^{n} x_{ij}/X_i \quad (i,j = 1,2,3,\cdots,n) \tag{2-2}$$

其中，x_{ij}表示 i 产业部门对 j 产业部门的中间投入，X_i 表示 i 产业部门的产出价值总量。

（二）数据来源

本部分采用 WIOD（World Input-Output Database）数据库发布的各国家投入产出表（35 部门），选取的时间范围是 1995～2011 年。为研究方便，将 35 部门投入产出表进行合并、整理，将其调整为包括第一产业、第二产业和第三产业三部门的投入产出表。其中，表中的 C1 农林牧渔业为第一产业。表中的 C2～C18 采矿业、制造业，电力、燃气及水的生产和供应业、建筑业为第二产业。表中的 C19～C35 交通运输、仓储和邮政业，信息传输、计算机服务和软件业，批发和零售业，住宿和餐饮业等为第三产业。

（三）中美农业产业关联测算及现代农业发展资金需求

1. 中间投入率测算

根据 WIOD 数据库相关数据计算出 1995～2011 年中国及美国的农业中间投入率。图 2－1 是 1995～2011 年中国、美国的农业中间投入率。由图可以看出，美国农业中间投入率始终高于中国，且差距较大，最小差距为 11.58%，最大差距为 22.76%。1995～2011 年，中国农业中间投入率平均为 41%，美国为 59%，两者相差 18%。可见，在农业生产过程中，美国种子、饲料、农用设备、机械、农用设施、农村金融以及其他支农服务等前期投入较多，而中国前期投入较少。

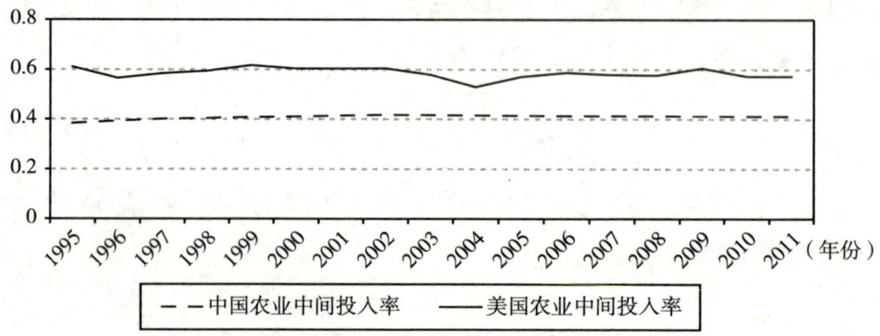

图 2－1　中美农业中间投入率

2. 农业中间投入率差异分解及原因分析

（1）差异分解。

从农业中间品投入所属行业和所属国别划分来看，农业生产中所消耗的中间投入品包括国内农产品、国内第二产业产品、国内第三产业产品、国外农产品、国外第二产业产品和国外第三产业产品。表 2－1 是 1995～2011 年部分年份中美农业生产中消耗的各产业中间品投入所占比重。公式为：中国（美国）农业各产业中间品投入/中国（美国）农业总产值×100。

表 2－1　　中美农业生产中消耗的各产业中间品投入所占比重

中国	国内农业	国内第二产业	国内第三产业	国外第一产业	国外第二产业	国外第三产业
1995 年	14.8807	15.1685	5.8803	0.6395	1.5909	0.1739
2000 年	15.0510	16.2423	7.3786	0.4971	1.7064	0.1670
2005 年	14.9709	16.9182	6.4942	0.8424	1.8847	0.3005
2010 年	13.1986	18.6043	6.9471	0.9166	1.3933	0.2271
2011 年	13.1548	18.6086	6.9791	0.9453	1.3693	0.2319
美国	国内农业	国内第二产业	国内第三产业	国外第一产业	国外第二产业	国外第三产业
1995 年	20.0490	18.2087	19.7987	1.2426	1.5690	0.2247
2000 年	19.7120	17.9717	19.1423	1.3119	1.9970	0.2199
2005 年	18.6615	18.6992	15.8432	1.2108	2.5668	0.2000
2010 年	15.6680	20.1124	16.8816	1.2626	3.2198	0.2188
2011 年	16.1368	19.5994	16.2654	1.5533	3.5609	0.2140

由表2－1可以看出，中国各行业中间品投入在农业总产出中所占比重，国内第二产业所占比重最大，其次分别为国内农产品、国内第三产业、国外第二产业、国外第一产业、国外第三产业。美国农业生产中各中间品投入在农业总产出中所占比重，2005年之前，国内第一产业所占比重最大，其次分别是国内第三产业、国内第二产业、国外第二产业、国外第一产业和国外第三产业。2005年之后，国内二产所占比重最大，其次分别为国内第三产业、国内第一产业、国外第二产业、国外第一产业和国外第三产业。可见，中美两国农业生产中各行业中间品投入及在总产出中所占比重排序有所差别。

进一步地，计算中美农业生产中中间品投入各行业差异对中美农业中间投入率差异的贡献度。计算公式为：中美农业生产中消耗农产品（第二产业产品、第三产业产品）所占比重之差/中美农业中间投入率之差×100。其中，农业（第二产业、第三产业）生产中消耗的农产品所占比重＝农业（第二产业、第三产业）消耗国内农业产值＋农业（第二产业、第三产业）消耗国外农业产值/农业总产值，计算结果见表2－2。

表2－2　中美农业中间品投入各行业差异对中美农业中间投入率差异贡献度

年份	第一产业	第二产业	第三产业
1995	25	13	61
2000	28	10	61
2005	26	16	59
2010	18	21	62
2011	22	20	58
1995～2011年间平均值	25	13	61

由表2－2可以看出，就中、美两国农业中间品投入所属行业来看，中美农业生产中中间品投入各行业差异对中美农业中间投入率差异的贡献度的排序为：第三产业、第一产业和第二产业。第三产业投入品差异

对中美农业中间投入率差异的贡献度最大，呈现出波动中下降的趋势，平均为61%。张平、孙伟仁（2015）研究发现我国农村生产性服务业存在投入不足、投入结构不合理、人才短缺等问题。第二产业投入品差异对中美农业中间投入率差异的贡献度在波动中增加，且增加速度较快，第一产业呈现递减趋势。到2011年，中美农业生产中中间品投入第一产业、第二产业差异对中美农业中间投入率差异的贡献度分别为22%、20%。

从中间品投入所属国别划分来看，根据WIOD数据库相关数据计算得出，中美农业生产中中间品投入国内外差异对中美农业中间投入率差异的贡献度。计算公式为：中美农业生产中消耗国内产品（国外产品）所占比重之差/中美农业中间投入率之差×100。计算结果表明，1995～2011年中美农业生产中消耗国内产品之差对中美农业中间投入率差异的贡献度，1995年、2000年、2005年和2011年分别为97%、94%、94%和83%，而消耗的国外产品之差对中美农业中间投入率差异的贡献度1995年、2000年、2005年和2011年分别为3%、6%、6%和17%。可见，就中美两国农业中间品投入所属国别来看，中美农业中间投入率存在较大差别原因主要源于国内产品中间投入差异。且近年来，国内中间品投入差异对于中美农业中间投入率差异的贡献度呈现出波动中下降的趋势，平均为93%。国外产品投入对中美农业中间投入率差异的贡献度在波动中增加，且增加速度较快，1995～2011年间平均为7%，到2011年，中美农业生产中中间投入品国外产品差异对中美农业中间投入率差异的贡献度达17%。

由此，根据美国农业发展经验以及我国的要素禀赋变动，未来我国农业发展，特别是实现农业的现代化，需要提高前期投入，特别是农村金融、农业技术等第三产业产品投入，农业所需投资增加。

（2）原因分析。

在农业生产过程中，美国前期投入较多，而中国前期投入较少，主要是因为我国劳动力资源丰富且廉价，农业属于劳动密集型产业。但是，我们也应看到随着人口红利的降低以及中国城市化进程的不断加快，这给农业生产以及农业生产方式的转变带来较大挑战和机遇。中国城镇化率1949年为10.64%，到2013年提高到53.73%，特别地，由于农村户籍仍附着较多利益，农民不愿将户口迁入城市，出现较多“离土不离乡”的现象，实际城镇化率远远大于户籍城镇化率，即实际居住在城镇的人口远远大于户籍上的城镇人口。一方面，城镇化进程的加快使大量农村人口流向城市，从事非农生产，减少了农业劳动力。典型的，农村中青壮年人口逐渐转向城市，农业人口逐渐转向非农产业，留在农村、从事农业的多为老人、妇女、儿童，出现了“农民工”“新生代农民工”“空心村”现象。另一方面，城镇化进程的加快释放了较多土地，人均土地占有率逐渐提高，有利于土地集聚，农业大规模经营、大批量生产成为可能。据《全国农产品成本收益资料汇编》统计，1984年3种粮食平均用工劳动日为18.44，到2013年，每亩用工数量减少到6.17。可见，我国农业生产方式由劳动密集型向劳动、知识、技术、资本、管理等要素集约化投入和提高劳动生产率转变。严斌剑等（2011）研究表明就资本、中间投入与劳动力投入相较而言，资本和中间投入其数量增长速度较快，但其价格增长速度慢于劳动力价格的增长速度。由此，农业生产者会倾向于增加对资本和中间投入的投入量以扩大生产。

另外，由中美农业中间投入率差异分解可以看出存在较大差异主要源于中国农业中间投入不足，主要是第三产业产品投入不足。第三产业，包括生产性服务业、生活性服务业、科教文卫等社会事业以及政府公共服务等诸多行业和领域，特别是现代服务业，即新兴的第三产业，其发展主要依托人力资本以及附着其上的知识、技术资本等核心要素，耗费物质资本少、受环境资源约束小，具有低能耗、低污染、高附加值的产业特征，是未来产业经济可持续发展的重要支撑和基本方向，符合产业结构升级的内容。消费、投资和出口是拉动经济增长的“三驾马车”。全球经济疲软，加上我国成本优势、人口红利等经济增长优势逐渐减弱，这就要求中国经济增长方式由外向型渠道向内需驱动转变。吴石磊等（2015）指出中国是拥有13亿人口的消费市场大国，居民消费是拉动经济增长的根本动力。但近年来，中国居民消费率总体持续下降，居民消费对经济增长的拉动作用明显减弱，而居民消费结构升级是促进居民消费的有效动力。第三产业生产的产品和服务与人民群众的物质生活和精神生活等多方面的社会发展目标直接相关，符合居民消费结构升级的内容。相对来说，中国第三产业本身发展滞后，特别是现代服务业，是我国经济社会发展的一块“短板”，在国民经济中所占比重较低。据国际统计年鉴显示，2013 年我国服务业占 GDP 的比重为 46.1%，不仅明显低于发达国家 70% 的平均水平（2011 年），而且也低于中等收入国家 55% 的平均水平。2014 年，在货物贸易方面，我国已超过美国成为世界第一大国，但服务贸易方面，我国处于逆差，且逆差不断增加。

由此，应大力发展第三产业，特别是现代服务业，提高第三产业在第一产业中的投入比重，增加第一产业附加值。

3. 中间需求率测算

根据 WIOD 数据库相关数据计算出 1995 ~ 2011 年中国和美国的农业中间需求率。图 2 – 2 是中美 1995 ~ 2011 年农业中间需求率。

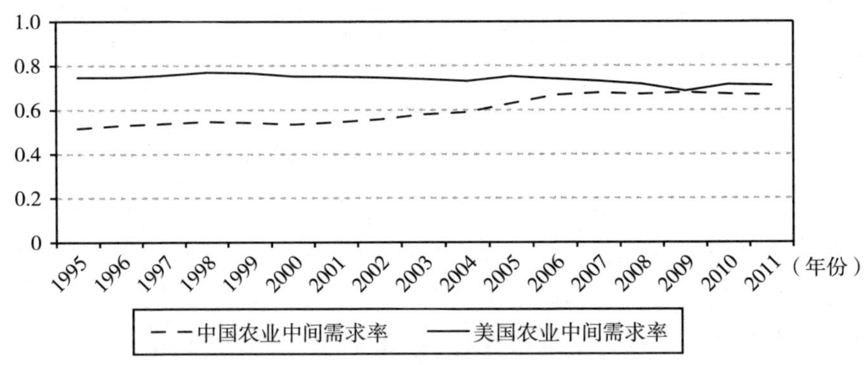

图 2 – 2　中美农业中间需求率

由图 2 – 2 可以看出，美国农业中间需求率始终高于中国，但差距逐渐缩小。1995 年，两者差距为 23%，到 2011 年，两者差距缩小到 4%。1995 ~ 2011 年，中国农业中间需求率平均为 60%，美国为 74%，两者相差14%。可见，在农业生产过程中，中美农业产出品更多地作为其他产业的中间需求，而不是直接到达消费者手中作为最终产品使用，特别是美国，农业更具有原材料产业的性质。

4. 中美农业中间需求率差异分解及原因分析

（1）差异分解。

从中间需求率所属行业划分来看，表2－3是根据WIOD数据库相关数据计算的中美农业产出中作为原材料提供给农业自身、第二产业和第三产业的产品所占比重。计算公式分别为：农业总产值中作为原材料提供给农业（第二产业、第三产业）的产品所占比重=［农业（第二产业、第三产业）对农业的中间需求］/农业总产值。

表2－3　　中美农产品中间需求各行业所占比重

指标	中国			美国		
	农业	第二产业	第三产业	农业	第二产业	第三产业
1995年	14.8807	33.2068	3.5854	20.0490	52.3142	2.3181
2000年	16.2423	33.9149	4.4469	19.7120	53.0015	2.4408
2005年	14.9709	42.4800	5.4723	18.6615	53.6750	2.8291
2010年	13.1986	48.6840	5.2606	15.6680	52.9938	2.7667
2011年	13.1548	48.2476	5.2584	16.1368	52.0811	2.7785

由表2－3可以看出，不管是美国还是中国，农业的中间需求中，第二产业所占比重最大，其次是第一产业和第三产业。农业生产链条中，就产品深加工而言，美国这一比重始终高于中国，但两者差距呈现出逐渐缩小的态势。中美第一产业、第二产业对农产品的中间需求差距由1995年的24.28%下降到2011年的6.82%。中美第一产业对农产品的中间需求差距由1995年的5.17%下降到2011年的2.98%。中美第二产业对农产品的中间需求差距由1995年的19.11%下降到2011年的3.83%。可见，与美国相较而言，中国农产品加工程度不足。随着经济

和社会的不断发展，生活节奏不断加快，使得人们的食物消费行为也发生了较大变化，出现了“现代食物消费行为”，即人们朝向更加富裕的食物消费结构，在外就餐、冷冻食品、加工成品、半成品受到普遍青睐。由此，从需求方面来看，也需要提高农产品加工水平。

就中美第三产业对农产品中间需求的差距而言，中国所占比重超过美国，呈现出不断增加的态势，美国稍有所增加，两者差距有不断增加的态势，由1995年的1.27%增加到2011年的2.48%，这主要体现在中国农产品从田地到达消费者手中需要经过较多中间环节，农产品流通环节上费用较高，经过层层加价，最终消费者要以高出几倍的价格购买到产品。根据交易成本理论，产品交易经过的环节越多，交易成本越大。王学真等（2005）通过大量实地调查研究分析蔬菜从山东寿光生产者到北京最终消费者手中经过的流通环节和流通费用情况。研究表明：整个流通过程中存在流通环节多、每个环节收费项目多、影响各费用的不可控因素多。由此，农业的生产环节与产后环节相结合，将流通环节融入生产环节，降低流通费用。一方面有利于降低信息不对称程度，减少食品安全问题，同时也能节省交易成本，提高消费者福利；另一方面，有助于将利润保留在农业生产中，提高农业从业人员积极性，加快农业现代化进程。

（2）原因分析。

由上述中美农业中间需求率差异分解可以看出存在较大差异主要源于中国第二产业对农业的中间需求不足，农产品加工不足。罗华伟、干胜道（2015）提到从经济发展规律和发达国家的经验来看，当人均GDP超过5 000美元以后，农产品加工业将有较大发展，将成为农业经济增长的增长极。

在刘明国、张海燕（2015）做法的基础上，根据统计局统计分类标准、国民经济行业分类（GB/T 4754—2011）代码标准，农产品加工业包括农副产品加工业（代码13），食品制造业（代码14），饮料制造业（代码15），烟草制品业（代码16），纺织业（代码17）、纺织服装、鞋、帽制造业（代码18），皮革、毛皮、羽毛（绒）及其制品业

（代码 19）、木材加工及木、竹、藤、棕、草制品业（代码 20）、家具制造业（木质家具制造，竹、藤家具制造）（代码 21）、造纸及纸制品业（代码 22）、印刷业和记录媒介的复制（代码 23）、医药制造业（中药饮片加工、中成药生产）（代码 27），共 12 个行业。

据《中国工业企业数据库》相关数据计算，2009 年规模以上工业企业共 320 778 家，其中农产品加工业企业 101 350 家，农产品加工业企业数量在工业企业总数量中所占比重为 31.60%。农产品加工业总产值在工业总产值中所占比重为 21.19%。可见，农产品加工业在工业企业中的数量占比与其产值占比不相匹配，产值占比低于数量占比高达 10 个百分点。工业企业共雇用劳动力 69 700 296 人，农产品加工业雇用劳动力 19 983 844 人，农产品加工业雇用劳动力在工业企业总雇用人数中占比 28.67%；在农产品加工业内部，从登记注册类型来看，私营企业占比 61.65%，外商投资企业占比 9.82%。就企业规模而言，小型企业占比 90.99%。可见，我国农产品加工业企业数量、产值以及发展规模相对较小，有待进一步提高，且外商投资企业占比高达 9.82%。

通过中美之间农业生产中间投入率、中间需求率差异比较及差异分解，可以得出以下结论：

一是中国农业生产中间投入不足，特别是第三产业产品投入不足。1995 ~2011 年，中国农业生产中间投入率始终在 40% 左右，变动较小。与美国相比，中国农业生产中间投入不足。中美农业生产中中间品投入各行业差异对中美农业中间投入率差异的贡献度中，第三产业对中美农业中间投入率差异的贡献度居第一位，其次是第一产业和第二产业，且中美农业中间投入率存在较大差别的原因主要源于国内产品中间投入差异，但近年来国外产品中间投入差异贡献度逐步增大。

二是中国农业生产产后阶段，加工、深加工不足，流通环节所占比重较大，且呈现出不断上涨态势。中国农业生产加工、深加工始终低于美国，但差距有所减少，差距由 1995 年的 24.28% 下降到 2011 年的

6.82%，流通环节所占比重较大，到2011年，这一比重达5.26%。

进一步地，利用WIOD数据库相关数据计算，2011年中国和美国农业中间投入、农业附加值、农业中间需求三者比例分别为0.70∶1.00∶1.14和1.35∶1∶1.68。可见，中国农业前期投入、农业中间需求均不足，涉农产业结构有待优化升级。由此，农业发展应：

一是增加农业前期投入。中国农业中间投入率始终较低，特别是第三产业。由此，应大力发展第三产业，加大金融、信息、科技、流通服务对农业的支持力度，加强农业基础设施建设、机器装备等物质资料投入，实现农业由劳动密集型向技术密集型、资本密集型转变，加快农业现代化。

二是提高农业的中间需求率。延长农业生产链条，深化农产品加工，减少农产品流通环节，降低流通费用，将农业附加值保留在农业生产环节，让农民真正享受到农业发展带来的福利，使农民愿意留在农村从事农业，做到“不离土不离乡”，同时也能增加消费者福利，使消费者以更低的价格买到多样化的农产品。

由此，现代农业发展需要强化产前及产后投入，进一步延伸产业链条，这就对资金投入水平提出更高要求。对这一问题的解决仅仅靠国家财政、信贷等传统融资渠道是不行的，要有新的思路。依靠国家财政会加大财政负担，依靠信贷等传统融资渠道需要抵押担保，而农民尚且缺乏抵押担保品。此外，依靠财政、传统融资渠道只是解决了农业发展的资金短缺问题，而创业投资不但可以为农业创业企业提供资金，还能为农业创业企业提供管理、技术等价值增值服务。创业投资是投资者以集合投资方式设立基金，委托创业投资管理机构向不成熟的、具有高成长性和市场竞争力的企业（项目）提供股权资本，并为其提供经营管理服务，待企业成熟后，通过股权转让等方式获得资本增值的一种特殊投融资方式。现代农业创业投资是将创业投资投向现代农业，为现代农业提供资本和增值服务的投融资方式。发展现代农业创业投资，不但有利于解决农业资金短缺问题，促进农业现代化，而且有利于充分利用社会闲散资金。

二、基于居民消费稳定性分析未来创业投资发展的资金供给

（一）民间资本充足

创业风险投资的资本来源包括政府资金、国有独资公司资金、非上市公司资金、上市公司资金、金融机构资金、自然人及其他出资以及外资。到2013年，中国创业风险投资的资本来源结构中以内资为主，外资所占比重较小，仅为2%。内资中，以非上市公司为主体，占总资本的42.81%，国有独资投资机构与政府投资所占比重为29%，个人所占比重达17%。

改革开放以来，中国以市场经济为导向的改革，创造了大量财富、集聚了大量民间资本。2016年年末，全部金融机构本外币各项存款余额为156.40万亿元。而民间资本主要表现为银行储蓄存款，这些存款可以转化为创业投资的投资资金。尽管就中国目前来说，创业投资效应还较弱，尚处于初步发展阶段，民间资本对创业投资的投资热情还不高。但民间资本仍属资本，资本的特性决定了民间资本也具有逐利性，也有投资需求，而这需要引导，需要不同的投资渠道、途径和形式来引导民间资本。

（二）基于居民消费分析其对创业投资的稳定资金供给

自1978年以来，我国经济一直保持较快增长，与之形成鲜明对比的是，居民消费总量虽然不断提高，但居民消费率总体上呈现出下降趋势，居民储蓄不断增加。图2-3是1978～2015年间我国居民储蓄率。其中，储蓄率计算公式为：100-（城镇居民家庭人均消费性支出×城镇人口+农村居民家庭人均消费性支出×农村人口）/（城镇居民家庭人

均可支配收入×城镇人口+农村居民家庭人均纯收入×农村人口)。从图2-3可以看出，1978年以来，我国居民储蓄率总体上呈现出上升趋势。由此，从居民消费特点、中国居民消费特点视角出发分析未来中国创业投资行业发展的资金供给情况。中国居民“消费不足、储蓄率高”的消费特点可以为创业投资提供资金供给，那么中国居民保守消费的特点是否会一直维持下去呢？中国创业投资是否会有稳定的资金供给来源呢？

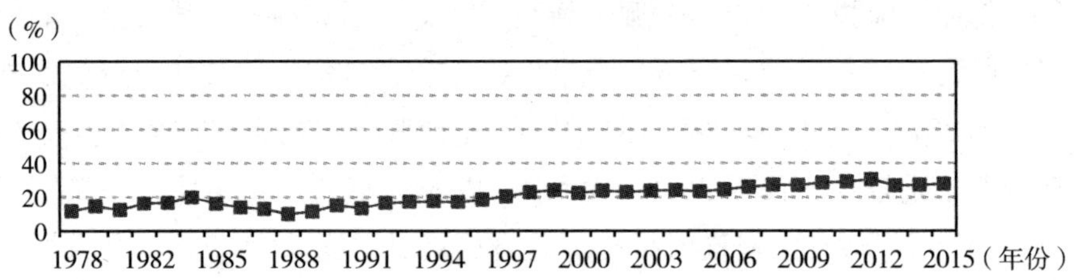

图2-3　中国居民储蓄率

资料来源：根据历年《中国统计年鉴》相关数据整理计算。

关于居民消费行为的影响因素，前期学者进行了大量研究，主要归结为三类：经济因素、人口因素和制度因素。

第一，经济因素，包括收入、利率等。凯恩斯绝对收入理论指出收入是影响居民消费的重要变量。利率可以说是对储蓄的补偿，与消费率呈负向相关关系（Summers，1984）。此外，根据经济学理论，居民消费也受收入类型或收入性质的影响。预防性储蓄理论指出考虑到收入的不确定性，人们会通过减少消费的方式进行预防性储蓄。可见，收入是否具有确定性会影响居民的消费行为。王学真、吴石磊、高峰（2011）研究结果表明：收入增长性和收入永久性与农村居民各类消费都具有正向相关关系，而收入不确定性对各类消费的影响方向有所差别。同时收入性质对居民消费结构的影响也表现出明显的城乡差异。

第二，人口因素。国内外学者相关研究初步在理论上揭示了人口因素对储蓄、消费等方面的影响。Modigliani 等（2004）基于生命周期理论，利用协整分析方法实证检验中国储蓄率和人口抚养比之间的关系，实证结果表明两者呈现出稳定的相关关系。Horioka 等（2007）以中国各省为研究对象，利用 GMM 估计方法实证检验人口抚养比对储蓄率的影响，得出结论：人口抚养比对储蓄率的影响不显著。

第三，制度因素。Hall（1978）第一次将消费模型中引入不确定性和理性预期，开辟了不确定性条件下的消费理论。随后，产生了许多新的消费理论，主要有预防性储蓄理论、流动性约束理论和过度敏感性理论（Flavin，1981）等，现代不确定性条件下的消费理论体系逐步形成。完善社会保障体系，降低人们对未来收入不确定性的预期，有助于刺激消费（Hubbard et al.，1995）。Deaton（1991）指出金融市场的发展对消费有显著影响。若金融市场发展滞后，则不利于消费者借贷，从而不利于消费。

根据上述理论难以解释为什么中国居民消费始终处于消费不足，而美国居民消费表现出过度消费的特点，一个直观的想法是文化是居民消费的重要影响因素，而文化是不易改变的，居民消费存在着目标消费率，表现出比较稳定的特性。采用阿根廷、澳大利亚、奥地利、比利时、巴西、加拿大、智利、中国、哥伦比亚、捷克、埃及、丹麦、芬兰、法国、德国、希腊、中国香港、匈牙利、冰岛、印度、印度尼西亚、伊朗、爱尔兰、意大利、荷兰、新西兰、挪威、基斯坦、日本、菲律宾、波兰、葡萄牙、罗马尼亚、俄罗斯、韩国、新加坡、南非、卢森堡、马来西亚、墨西哥、西班牙、瑞典、瑞士、泰国、土耳其、英国、美国、越南全球 48 个国家和地区的面板数据，时间范围为：1978 ~ 2007 年，研究居民目标消费率的存在性以及目标消费率的长期稳定性。假设：居民消费行为存在目标消费率，并且各个国家居民消费率的高低是常态行为，具有持续性。

1. 居民目标消费率的测算

（1）居民消费影响因素的单变量组间差异检验。

表 2 -4 是根据居民消费率的第 25、50、75 百分位进行分组（在每一年进行的），将所有国家在每一年度分成四组，分别为较低居民消费

率组、低居民消费率组、高居民消费率组、较高居民消费率组，进行相关变量的单变量组间差异比较。我们感兴趣的是拥有居民消费率高的国家特点，比如，在第四组的那些国家（居民消费率较高组）和在第一组的那些国家（较低居民消费率组），收入 gdp（人均 gdp 取对数）、教育水平 edu（大学生入学率）、真实利率 Real_i（一年期储蓄率 - CPI 增长率）、利差 Rategap（市场长期利率 - 短期利率）、社会保障 ss（社会保障支出/政府总支出）、负担系数 depend（≤15 岁和≥65 岁人口数/总就业人数）、金融市场发展 bank_w（银行部门提供的国内信贷除以 gdp）、文化 sex_feq（性生活频率：一年当中性生活次数/360 天）的差别。居民消费率、人均 gdp、教育、真实利率、负担系数、金融市场发展相关数据来源于世界银行发展数据库，利差来源于 IMF 国际金融数据库，社会保障来源于 IMF 政府财政年鉴，性生活指数来源于 Durex 全球性调查报告。相关数据的选取与获得借鉴叶德珠、连玉君等（2012）的做法并得到其帮助。

表 2-4　　根据居民消费率分组的国家特征

变量名称	较低居民消费率组	低居民消费率组	高居民消费率	较高居民消费率组	T 检验（p 值）
Min	0.464	0.681	0.758	0.801	
Max	0.728	0.791	0.837	1.047	
consume	0.639 [0.646]	0.743 [0.748]	0.796 [0.796]	0.855 [0.844]	-58.992 (0.000)
gdp	3.737 [3.651]	3.890 [4.154]	3.957 [4.170]	3.768 [3.914]	-0.675 (0.500)
edu	0.037 [0.000]	0.044 [0.040]	0.047 [0.050]	0.043 [0.040]	-5.344 (0.000)
real_i	-0.055 [0.010]	-0.005 [0.010]	-0.010 [0.010]	-0.011 [0.020]	-2.950 (0.003)
rategap	0.077 [0.021]	0.027 [0.025]	0.021 [0.021]	0.019 [0.020]	5.061 (0.000)

续表

变量名称	较低居民消费率组	低居民消费率组	高居民消费率	较高居民消费率组	T 检验（p 值）
ss	0.204 [0.157]	0.336 [0.360]	0.315 [0.339]	0.273 [0.289]	-4.923 (0.000)
depend	0.558 [0.514]	0.546 [0.517]	0.548 [0.520]	0.584 [0.548]	-2.583 (0.010)
bank_w	0.026 [0.008]	0.068 [0.010]	0.171 [0.009]	0.119 [0.006]	-3.814 (0.000)
sex_feq	0.242 [0.231]	0.272 [0.289]	0.298 [0.300]	0.307 [0.309]	-17.26 (0.000)

资料来源：单变量组间差异检验结果。

利用 t 检验，检验第一组和第四组相关变量是否存在显著差别。但国家的特点并不随着居民消费率的差异呈现单调的关系，因此，通过比较第一组和第四组国家的居民消费率并不足以描述居民消费率和国家特点之间的关系。

由表 2-4 第四列可知，第四组国家和第一组国家的居民消费率差异在 1% 水平上显著，对于其他变量而言，除收入外，第四组和第一组的差异均至少在 10% 水平上显著。具体来说，居民消费率高的国家比消费率低的国家拥有更高的大学入学率，居民消费率与大学入学率呈现单调递增关系。拥有类似结果的变量还有描述文化的性生活指数变量，居民消费率高的国家拥有更高的性生活指数。居民消费率前三组的国家负担系数相似，但第四组国家负担系数明显的提高。利差与居民消费率存在单调递减关系。社会保障水平在第二组国家急剧提高，随后逐渐下降。然而真实利率在第二组国家急剧提高，随后在第三组和第四组逐渐减弱。

（2）居民消费影响因素检验。

表 2-5 提供了 1978~2007 年居民消费率影响因素的面板回归检验结果。表 2-5 第一列是混合 OLS 回归结果，结果表明居民消费率随着人均收入的增加而降低，并在 1% 水平上显著。随着大学入学率、利

率、负担系数、金融发展水平、性生活指数的增加而显著增加，利差和社会保障对居民消费没有显著影响。表2－5中第二列加入年度效应，第三列是考虑个体效应的固定效应估计。除了利差变得显著，符号变为正，负担系数符号发生变化、金融发展水平变得不显著外，第二列和第三列的结果和第一列结果大体相同。

表2－5　　　　居民消费影响因素回归结果

变量名称	混合OLS模型	混合OLS模型＋年度虚拟变量	固定效应模型
_cons	－1.053*** (－22.56)	— —	－13.648*** (－5.68)
gdpper	－0.035*** (－3.80)	－0.035*** (－3.72)	－0.407*** (－19.15)
edu	1.762*** (6.93)	1.813*** (6.94)	0.444** (2.17)
real_i	0.157** (2.46)	0.144** (2.21)	0.256*** (7.55)
rategap	－0.023 (－0.35)	－0.032 (－0.46)	0.122** (2.58)
ss	0.035 (1.27)	0.036 (1.30)	0.015 (0.57)
depend	0.112*** (3.09)	0.130*** (3.17)	－0.065** (－2.17)
bank_w	0.059*** (7.53)	0.061*** (7.50)	－0.021 (－0.33)
sex_feq	2.590*** (23.89)	2.617*** (23.61)	51.230*** (6.11)
r2_a	0.547	0.938	0.458
r2_w	—	—	0.494
r2_b	—	—	0.563

注：样本数量均为590；括号内为z值，***、**分别表示在1%和5%的显著性水平上变量显著，数据利用stata10回归分析得到。

这样，影响目标消费率的因素包括：收入、教育水平、真实利率、利差、社会保障、负担系数、金融市场发展、文化。将影响居民消费的一些常规要素与消费进行回归，得到的消费拟合值作为居民目标消费率的衡量指标。

2. 居民目标消费率的存在性检验

居民消费是否存在目标消费率也就是检验居民消费率是否存在均值回复过程。如果不存在均值回复，我们就能拒绝居民目标消费率存在的原假设。通过如下各个国家一阶自相关模型（式2-3），检验均值回复过程是否存在：

$$\Delta(\text{consume/gdp})_t = \alpha + \beta\Delta(\text{consume/gdp})_{t-1} + \varepsilon_t \qquad (2-3)$$

其中，consume/gdp 表示各个国家居民最终消费占 gdp 的比重；Δ 是一阶差分。若存在均值回复，则系数 β 应显著为负。

表2-6是 β 的统计特征，可知居民消费率存在均值回复，也就是说，各个国家存在系统性要素使得居民消费率不至于太高或太低，围绕目标消费率波动。

表2-6　回归模型系数（β）的统计性描述

变量	平均值	最小值	p25	p50	p75	max
β	-0.426	-0.722	-0.567	-0.459	-0.406	0.566

表2-6均证明居民消费率存在均值回复过程，为进一步检验居民目标消费率的存在性，设定如下动态模型：

$$(\text{consume/gdp})_{t+1} - (\text{consume/gdp})_t = a + b[(\text{consume/gdp})_t - (\text{consume/gdp})^*] + \varepsilon_t \qquad (2-4)$$

其中，$(\text{consume/gdp})^*$ 表示居民目标消费率。

表2-7是对居民目标消费率采用不同的衡量方式，根据模型（2-3）进行的回归分析。其中第一列采用滞后四期居民消费率的平均值衡量居民目标消费率，第二列和第三列是将影响居民消费的一些常规要素与消费进行回归，得到的消费拟合值作为居民目标消费率，即第二

部分测算的结果。但第二列采用的是 OLS 估计，第三列是采用 Fama-MacBench（1973）的方法，即在不同年度上分别回归，然后计算各年系数的平均值。

表 2－7　　居民消费的动态调整分析

变量	目标消费率不同衡量方法		
	滞后四期居民消费率的平均值	用 OLS 回归拟合消费率	用 FM 模型回归拟合消费率
(consume/gdp)*	-0.601*** (-17.41)	-0.269*** (-7.17)	-0.320*** (-7.97)
观察值	1 129	795	795
R^2	0.361	0.071	0.101

注：括号内为 z 值，*** 表示在 1% 的显著性水平上变量显著。

3. 居民消费的稳定性检验

（1）异常消费的稳定性检验。

第二部分表明居民消费存在目标消费率。这部分检验各国家居民消费，即过度消费或消费不足，是否长期以来处于一种常态。为了检验这种存在性，我们利用居民实际消费率与收入、教育水平、真实利率、利差、社会保障、负担系数、金融市场发展、文化拟合的目标消费率之差作为居民异常消费率（包括过度消费与消费不足），表 2－8 是居民异常消费率的统计特征。由表 2－8 可知，所选样本在样本区间内既存在居民过度消费的国家，又存在居民消费不足的国家。

表 2－8　　居民异常消费率的统计性描述

变量	平均值	P50	标准差	最小值	最大值
异常消费率	0.000	0.002	0.039	-0.128	0.119

进一步地，根据计算出的居民异常消费率，在每个年度上将其分为四组。表 2－9 是居民异常消费持续性检验结果，其中 panelA 是在样本区间当年属于第四组的国家，在随后一年有 48% 仍属于第四组。在第

五年，仍有32%的国家属于第四组。同样的结果表现在当年属于第一组的国家，见表2－9的panelB。可见，无论是居民异常消费最高的组还是居民异常消费最低的组，是长期存在的，具有稳定性的特征。

表2－9　　　　居民异常消费的稳定性检验

年份	较低居民消费率组		低居民消费率组		高居民消费率		较高居民消费率组	
	panelA	PanelB	panelA	PanelB	panelA	PanelB	panelA	PanelB
Year0	100 144							100 137
Year1	38.7 48	6.25 6	29.83 37	21.87 21	20.16 25	21.87 21	11.29 14	50 48
Year2	42.6 49	10.41 10	23.47 27	14.58 14	22.6 26	26.04 25	11.30 13	48.95 47
Year3	37.03 40	8.045 7	30.55 33	22.98 20	23.14 25	25.28 22	9.26 10	43.67 38
Year4	35.84 38	19.51 16	33.01 35	19.51 16	25.47 27	13.41 11	5.66 6	47.56 39
Year5	33.33 32	12.34 10	31.25 30	19.75 16	26.04 25	24.69 20	9.38 9	43.20 35

（2）居民消费意愿及其稳定性。

消费行为学中消费意愿指的是消费者个体采取购买行为的主观愿望或可能性。居民消费意愿是居民消费行为的重要影响变量。消费意愿作为消费心理的集中表现和消费行为的前奏，同一定的信仰、价值和认识哲学相联系，支配着人们的消费选择和消费活动。消费意愿的强弱直接决定了消费什么、消费数量、消费时间以及消费地点等未来消费行为的指向和强度。

Eagly等（1993）指出意愿这一概念属于心理学范畴，用来衡量人们采取某种行为的主观可能性大小。Ajzen（1991）、Newberry等（2003）等学者均指出消费意愿对消费主体采取特定消费行为的可能性大小起直接决定性作用。江林和马椿荣（2009）将消费意愿划分为消费时间、消费数量和实现消费的努力程度三个维度。

一是消费意愿的度量。消费意愿指标 *will* 采用各地区居民消费率滞后四期的平均值作为衡量指标。主要是考虑到居民的消费意愿在一定时期内，在一定的社会背景下是稳定的，原因在于影响居民消费意愿的各种因素在短时间内不会发生剧烈变化。比如影响居民消费意愿的重要因素储蓄文化、社会保障制度、收入增长速度、收入差距情况等都是短期内不易发生变化的。而居民的实际消费率是朝着消费意愿进行部分调整的。运用部分调整模型证明居民的实际消费率是围绕消费意愿进行调整的，居民实际消费率的计算公式为：居民最终消费/gdp，相关数据来源同上。

为了证明各地区居民实际消费率的滞后四期能够作为居民消费意愿的衡量指标，我们首先证明在一定时期内居民的消费意愿是相对稳定的，并且居民实际消费率是围绕居民消费意愿进行部分调整。为了证明该指标选取的准确性，我们将视角放大，证明该指标对各国居民来说都具有普适性，运用部分调整模型进行证明。标准的部分调整模型（2－5）如下：

$$\text{consume}_{i,t+1} = \lambda \text{consume}^{*}_{i,t+1} + (1-\lambda)\text{consume}_{i,t} + \delta_{i,t+1} \quad (2-5)$$

其中，$\text{consume}^{*}_{i,t+1}$代表各国在 $t+1$ 期居民的消费意愿，采用滞后四期居民消费率的平均值作为衡量指标；λ 代表各国以 λ 的速度缩小居民实际消费率和居民消费意愿之间的差距，$0 \leqslant \lambda \leqslant 1$。

为证明居民实际消费率围绕消费意愿进行部分调整，绘制图 2－4。图 2－4 考虑的是当 $t-1$ 期居民实际消费率与消费意愿发生偏离时，居民消费率下一期的变动情况。由图可知，当上一期居民实际消费率低于居民消费意愿时，在下一期各国会调高居民消费率，朝着消费意愿调整。当上一期居民实际消费率高于消费意愿时，下一期各国居民会调低消费率。

二是居民实际消费率调整速度测算。测算居民实际消费率朝向消费意愿进行调整的调整速度。表 2－10 是调整速度的估计结果。第一列是根据 Fama 和 French（2002）的方法，即在每个年度上进行截面回归，然后取各年度系数的平均值作为各变量的回归系数；第二列是利用固定效应模型进行估计；第三列是先采用组内去芯去除个体效应，即用各国家每年度的各变量与其所有年度平均值做差，然后采用 Fama 和 French（2002）的估计方法进行估计；第四列是在第二列的基础上加入年度虚拟变量；第五列主要是考虑到消费率是一个 0 ~ 1 的数值，可能存在自然的均值回复过程，从而也可能产生一个正的调整速度 λ。为消除这种自然的均值回复过程，按消费率排序，取中间 70% 的样本，即去除最低的和最高的居民消费率，看中间 70% 样本的居民实际消费率是否存在朝消费意愿进行部分调整的过程。

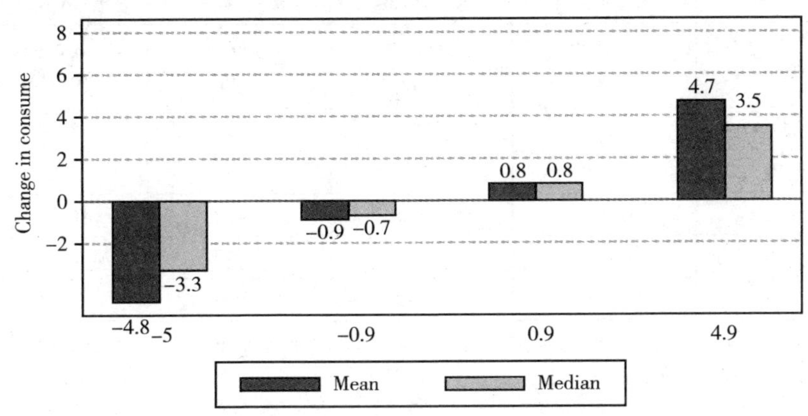

Notes: Numbers are in percentage

图 2 - 4　随后年度居民消费率的变动

表 2 - 10　　调整速度估计结果

变量名	FM	FE	FM_demean	FE_year	FE_P70
consume	0. 795 *** (33. 93)	0. 094 *** (3. 35)	0. 095 ** (2. 06)	0. 089 *** (3. 17)	0. 086 * (1. 86)
固定效应	—	控制	—	控制	控制
N	1 329	1 329	1 329	1 329	901
r2	0. 618	0. 602	—	0. 393	0. 653
speed	0. 205	0. 906	0. 905	0. 911	0. 914

注：***、**、* 分别表示在 1%、5% 和 10% 的显著性水平上显著；Speed = 1 - _b [consume]。

由表2-10可知，控制各国个体效应之后，居民实际消费率朝向消费意愿的调整速度明显增强，均在0.9左右。

三是延长调整时间的检验。表2-11是通过延长调整时间的估计结果。由表2-11可知，随着调整时间的增加，调整速度逐渐加快，调整越来越充分，在第四期，达到0.998。由理论上的调整速度和观察到的调整速度对比可知，两者差别不大，说明模型的拟合效果较好，能够很好地描述居民消费状况。

表2-11　　　　不同调整时间的估计结果

变量	K=1 year	K=2 years	K=3 years	K=4 years
consume	0.089*** (3.17)	0.088*** (3.09)	0.101 (3.48)	0.015 (0.31)
固定效应	控制	控制	控制	控制
N	1 329	1 279	1 231	731
r2	0.393	0.390	0.422	0.019
s	0.911	0.912	0.899	0.985
s_p		0.992	0.999	0.998

注：***、**、*分别表示在1%、5%和10%显著性水平上显著；s：实际调整速度；s_p:理论上调整速度。

由上述研究可知，各国居民的消费意愿在一定时期内是相对稳定的，并且居民实际消费率是朝着消费意愿进行部分调整的，存在一个调整区间，调整速度平均为0.9。

由此，选用较开放的欧美国家与较保守的东亚国家为研究对象，考察居民消费的影响因素。更为重要的是，从动态角度证明居民目标消费率的存在性及居民消费稳定性。研究结果表明，居民消费存在目标消费率，并且由于国家内部的个体效应，各国居民消费长期来看具有稳定性的特征。进一步地，运用部分调整模型进行实证分析，结果表明居民消费意愿在一定时期内相对稳定，并且居民实际消费率朝着消费意愿进行部分调整，存在一个调整区间，调整速度平均为0.9，进一步证明居民消费意愿的稳定性。

中国居民消费始终表现出“消费不足”的特点，主要是受“儒家传统保守消费文化”的影响，文化不易发生变化，而居民消费、消费意愿又具有长期稳定性，即中国居民保守的消费文化不易发生变化，由此，在较长的时间范围内，中国居民储蓄率仍较高，从而创业投资能够有较稳定的资金供给来源。

总之，无论是从美国农业发展的经验来看，还是从中国的要素禀赋变动、农业自身发展来看，未来中国农业发展，特别是实现农业的现代化，需要强化产前及产后投入，进一步延伸产业链条，这就对农业资金投入水平提出较高要求。而中国居民消费始终表现出“消费不足”的特点，主要是受“儒家传统保守消费文化”的影响，而居民消费、消费意愿又具有长期稳定性，这样，在较长的时间范围内，中国居民储蓄率仍较高，从而创业投资能够有较稳定的资金供给来源。由此，现代农业需要创业投资，创业投资也有稳定的资金来源。

第三章

现代农业创业投资对接与政府引导理论研究

一、发展现代农业的作用

从宏观、中观和微观三个层面分析发展现代农业的作用，明确现代农业创业投资的可行性和必要性。

（一）宏观层面：确保国家粮食安全

粮食安全的概念是FAO于1974年11月在罗马世界粮食大会上提出的，即保证任何人在任何时候都能得到为了生存和健康所必需的足够的食物。并把世界谷物库存量至少占当年需求量的8%~17%视为全球粮食安全的最低限量，其中周转库存占12%，后备储存量占5%~6%。1983年FAO又将粮食安全的概念进行修正，即认为粮食安全的最终目标应该是确保所有人在任何时候既能买得到又能买得起他们所需的基本食物。1996年FAO在《粮食安全罗马宣言》中，对粮食安全的描述为确保所有人在任何时候都能在物质上和经济上获得足够有营养和安全的食物来满足其积极和健康生活的膳食需要及食物喜好。2001年在德国波恩召开的世界粮食大会上又提出了持续粮食安全的概念，要求无污染、无公害，向消费者提供增强健康、保证延年益寿的粮食和其他食物。

改革开放以来，中国农业获得了较大成功，农业增加值由1978年的1 027.5亿元增加到2013年的56 966亿元，乡村人口占总人口的比重从1978年的82.1%下降到2013年的46.3%，农村居民纯收入从1978年的133.6元/人上升到2013年的8 895.9元/人，以占世界7.59%的耕地养活了19.18%的人。中国是世界人口大国，也是粮食消费大国，粮食供需平衡状况的好坏，保障国家粮食安全，对实现全面建设小康社会的目标、构建社会主义和谐社会和推进社会主义新农村建设具有十分重要的意义。

1. 中国粮食需求的特点

粮食具有需求价格弹性低和需求收入弹性低的特点，因此需求对供给缺乏快速的反应。随着经济的发展，粮食需求呈现出多元化的特点，不但要满足居民口粮，还包括饲料用粮、种子用粮、工业用粮等几个方面。粮食需求的主要影响因素有人口的变动、经济发展水平的变化等。

就人口数量变化对粮食需求的影响而言，人口数量的绝对增加对粮食形成刚性需求。据世界银行发展数据库统计，世界总人口呈现逐年增长态势，1962~2013年年均人口增长率达1.63%。据世界粮农组织数据库统计，世界直接食用粮食消费逐年增加，增长率始终为正。到2015年，食物消费达111 287万吨。可见，人口增长对居民口粮呈现出刚性需求。

经济发展水平的变动对粮食需求的影响主要表现在：一方面，经济社会的高速发展使收入水平不断增加，人们的食物消费结构也发生了较大变化，对肉类、乳制品、蛋等的消费需求逐渐增多。肉类、奶制品、蛋的来源是牲畜，而粮食是牲畜饲料的主要来源。肉禽养殖成本中，饲料成本占60%，而饲料中玉米所占比重较大，大豆经压榨所产生的副产品豆粕也是肉禽的主要饲料。由此，人们食物需求结构的变化导致饲料用粮增长迅速，出现“人畜争粮”现象，粮食需求上升。据世界粮农组织数据库统计，牲畜用粮总体上呈现出上涨趋势。到 2015 年，牲畜用粮达 89 376 吨，是世界人口直接食用粮食消费的 0.80 倍。可见，牲畜用粮已成为粮食使用的重要组成部分。另一方面，近年来，国际、国内对于环境问题、能源安全、社会可持续发展等问题越来越重视。石油是不可再生资源，且石油价格呈现出动荡起伏、不断上涨的特点，这引发了能源安全问题的讨论。其中应对能源安全的一项措施就是发展作为汽油、柴油等能源替代品的生物燃料。生物燃料是指由生物质组成或萃取的固体、液体或气体，又称之为“生物油田”，主要包括燃料乙醇和燃料柴油。生物燃料对粮食的影响主要体现在生物燃料作为需求方来影响粮食。随着技术水平的发展，粮食呈现出多功能性的特点，除了满足人们的饱腹需求之外，还是生产生物燃料的重要原材料。燃料乙醇的主要原料为玉米、高粱、木薯等，燃料柴油的主要原料为大豆、油菜籽等油料作物。在燃料乙醇提炼中，在美国，97% 来自玉米；在欧洲，70% 来自小麦。在生物柴油提炼中，在美国，82% 来源于大豆，在欧洲，主要从植物油中提取，占比为 70%，从大豆中提取柴油占比为 12%。目前，美国、巴西、欧盟等一些国家和地区相继制定了中长期生物燃料发展规划。美国计划到 2017 年生产生物燃料乙醇 1.2 亿吨，巴西计划到 2020 年使生物燃料乙醇占汽油总消费量的比例达到 20%，欧盟计划到 2020 年使生物能源占到欧盟交通能源使用量的 10%。

发展生物燃料不但能增强能源利用的可持续性，而且能够减少温室气体排放。生物燃料虽然已经发展到“第四代生物燃料”，但是由于成本和技术等原因，只有“第一代生物燃料”真正实现了大规模和产业化的生产。也就是说，粮食作为生物燃料的主要投入要素，生物燃料的发展仍然要消耗大量的玉米、大豆等粮食作物。世界石油价格持续快速波动，且呈现出上涨压力。为了确保国家能源安全，生物燃料作为石油等工业燃料的替代指标呈现出不断发展态势。从而，工业用粮不断增加。

就中国而言，人口持续增加、人均收入水平不断提高，我国粮食消费呈刚性增长，且肉、蛋和蔬菜等农产品消费增加，间接粮食消费增加。据《新中国50年统计资料汇编》、历年《中国统计年鉴》统计，中国人口呈现出逐年增长的态势，1949～2014年年均人口增长率达1.44%。据世界粮农组织数据库统计，中国牲畜用粮总体上呈现出上涨趋势。到2016年，牲畜用粮达18 302吨，是直接食用粮食消费的0.86倍。由此，可以预见我国居民对粮食的需求量不断攀升。

2. 粮食供给现状

粮食生产具有周期性长的特点，由此，粮食供给对粮食需求缺乏快速反应。图3－1是1950～2014年中国粮食产量（单位：万吨）。由图可以看出，我国粮食产量大体呈现增长态势。在2000年开始出现大幅度下滑，2003年降到最低点43 069.53万吨，这主要是因为：粮食价格较低，而生产成本较高，粮食价格不足以弥补生产成本，农民种粮收益低。进一步地，与农业产业相比，非农产业收益高，农民农业投资积极性下降。由此，粮食产量一直处于下降的趋势。从2004年开始，我国粮食产量开始恢复，这主要得益于国家实施的有利于粮食生产和农业发展的政策，如粮食最低收购价政策、粮食补贴政策等，粮食产量逐年增加。

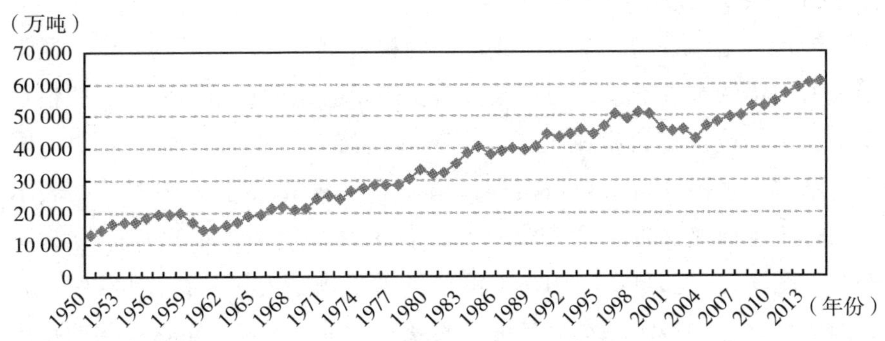

图3－1　中国粮食产量

资料来源：历年《中国统计年鉴》。

同时，也应注意到粮食产量有较强的波动性，主要是因为农业生产对自然环境依赖性较大，面临的如气候、灾害等不可控因素较多。

粮食生产对自然资源的依赖性较大，尽管我国粮食产量逐年增加，但也应看到工业化、城市化对未来粮食供给的影响。工业化和城市化进程的不断推进，在提升我国利用工业技术提高农业产出能力的同时也使我国比较稀缺的农业资源被大量占用和破坏，使得本就稀缺的农业资源变得更加短缺，粮食生产面临着日益严重的农业资源稀缺约束。中国劳动力资源丰富，但随着工业化和城市化的发展，许多农村劳动力转移出来，留在农村、从事农业生产的更多的是老人和妇女。这种转移不仅导致大量农田撂荒，而且也阻碍了现代农业技术的推广和农田水利基础设施的建设，进而不利于农业生产效率的提高和农业生产的发展，加上粮食生产比较效益低，粮食供给面临较大压力。

3. 粮食供需平衡分析

考察一个国家的粮食安全，其中一个比较重要的问题是粮食的自给率，即一个国家在多大程度上依赖国际市场的问题。粮食自给率是指一国家或地区国内粮食供给对国内粮食需求的满足程度，计算公式为：国内粮食产量/国内粮食需求。当这一指标大于95%时，说明该国粮食基本能够自给。当这一指标位于90%~95%时，说明处于粮食安全水平，低于90%时，则为不安全。

粮食自给率是指一个国家或地区的粮食供给满足需求的程度，通常用一国当年的粮食产量占当年粮食消费需求总量的比重表示。一般粮食安全水平与粮食自给率成正比，当粮食自给率大于95%时，表明一国已经基本实现粮食自给；当粮食自给率大于90%小于95%时，则表示该国处于可以接受的粮食安全水平；若粮食自给率小于90%，则为不安全。图3-2是2000~2016年粮食供需平衡情况，从该图可以看出，我国依靠自己的资源基本上是可以实现粮食供需平衡，粮食每年的年产量基本上可以保证每年的粮食需求量，但粮食自给率在2006年之后呈现出波动中下降的特点。

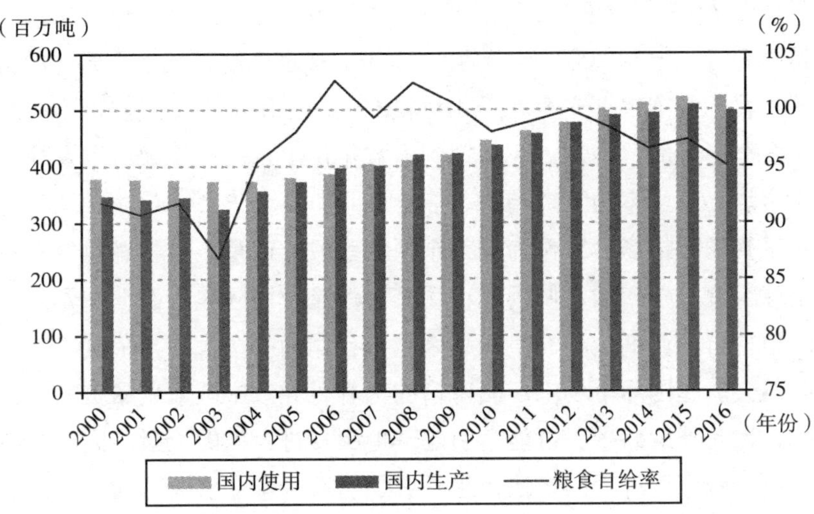

图 3-2　中国粮食供需平衡

资料来源：根据历年《中国统计年鉴》相关数据整理计算得到。

进一步地，考虑到国际市场对粮食的调剂余缺作用。借鉴唐华俊（2014）定义的粮食自给率：粮食自给率 = 产量/(产量 + 净进口) × 100%。根据历年《中国农业发展报告》数据，将计算的粮食自给率减去95%，可以得到图 3-3。

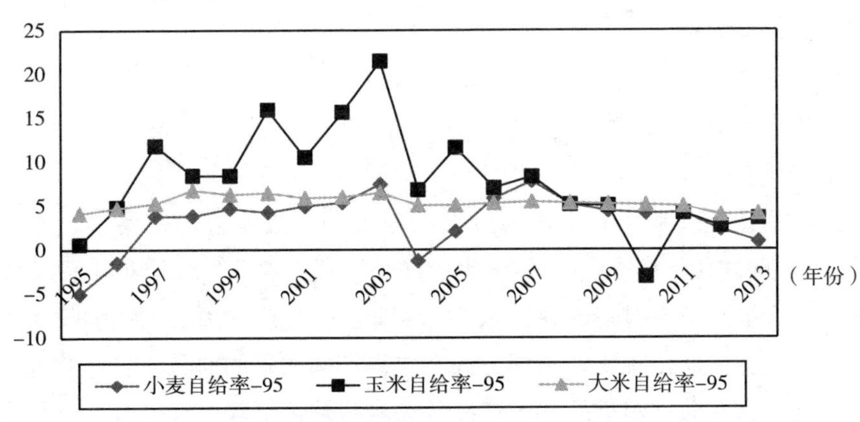

图 3-3　小麦、玉米和大米的粮食自给率

资料来源：历年《中国农业发展报告》计算得到。

从图 3 - 3 可以看出，从 1995 ~ 2003 年粮食自给率虽有波动，但趋势是上升的，但从 2003 年之后小麦、玉米的自给率均有下降的趋势。整体来看，中国粮食安全处于相对较安全的范围，但是我们也不能忽略粮食安全形势的严峻性。应注意到多数年份出现的供需缺口以及缺口的逐年增加、自给率的下降趋势。

尽管国际市场可以作为调剂余缺的手段。但是，生物燃料的发展以及全球粮食消费增加，使国际市场粮源偏紧，国际粮价波动加剧，利用国际粮食市场调剂余缺的空间越来越小。作为一个大国，粮食进口的增加必然会引起国际市场农产品价格的上升，导致中国农产品贸易条件的恶化，在对外战略中，可能会引起其他粮食进口国的反对。同时，随着工业化、城市化进程的加快，水资源、土地资源、农业劳动力资源等因素的制约使粮食持续增产的难度加大，而粮食需求面临刚性增长。在这样的资源环境约束下，农业发展应改变过去粗放型的发展方式朝着集约型发展方式转变。可见，粮食安全问题面临的形势更加严峻。

由此，为突破农业资源环境约束的“瓶颈”，我们必须发展现代农业，注重提高资源利用效率，注重投入要素“质”的提高，实现各种农业资源的高效集约利用，立足战略高层次，把我国现代农业建设列为重要目标，确保农业长远、可持续发展，全方面提高农业的竞争力，确保国家粮食安全。

（二）产业层面：改变农业增长方式促进产业增值

改革开放以来，中国作为世界农业大国，依靠劳动密集型、粗放式、“靠天吃饭”等特点的传统农业增长方式，农业发展取得了显著成就，大大提高了农村小康建设水平、农业综合生产能力及农民的收入水平。但是，依靠传统农业发展方式在取得丰硕成果的同时，农业的可持续发展还存在着许多挑战：农产品的自给率持续下降，且随着人口与耕地的逆向运动及人口增加带来的消费增长以及食物结构的变化造成的农产品需求刚性增长还将造成粮食自给率的进一步下降；中国农业生产面临着耕地、水等资源约束；国际农产品市场供求紧张；食物安全问题等。依靠传统农业增长方式带来的价值增值较少，从而资本、劳动力等生产要素不断从农业、农村中转移出来流向城市、非农产业。就中国农业对国民经济的贡献而言，据《中国统计年鉴》统计，农业产值占GDP的比重，1952年为50.5%，到2014年下降到9.2%。第一产业就业人员由1978年的28 318万人减少到2014年的22 790万人，第一产业就业人员构成由1978年的70.5%降到2014年的29.5%。

根据社会再生产理论，社会总产品按照价值形式划分包括三部分，即不变资本、可变资本和剩余价值。其中，不变资本是商品生产中消耗的物质资源，可变资本和剩余价值之和是劳动创造的新增价值，是在消耗的物质资源基础上创造的附加值。影响附加值高低的因素有很多，产品中包含的知识含量是重要影响因素。其中，知识含量由文化含量和科技含量两部分构成。现代农业是农业生产的物质条件、技术、农业组织管理现代化，农民具有较高的受教育水平，实现农业生产机械化、电气化、信息化、生物化、化学化，专业化、社会化、区域化和企业化，农民思想理论的现代化、开放化、前沿化。发展现代农业，使农业与科技融合，提高农业科技含量，能够增加农业附加值。由此，要想巩固农业的基础地位，改变农业比较效益低的不利地位，吸引资本投向农业、留住农业中原有资本，扩大农业对国民经济的贡献，必须改变过去以资源为依托的数量型传统农业增长方式，朝着以技术为依托的效益型现代农业增长方式转变，促进传统农业向现代农业的跨越，实现价值增值。

（三）微观层面：减少贫困

贫困问题一直是困扰世界各国发展的一个重大问题，且大部分贫困人口生活在农村、以农业为谋生手段。中国作为世界上最大的发展中国家，也有着庞大的贫困人口群体，贫困人口的规模仅次于印度，居世界第二位，特别是中国农村地区的贫困问题较为严重。改革开放以来，我国的农村扶贫事业取得了显著成效，贫困人口、贫困发生率分别由1978年的77 039万人、97.5%减至2000年的46 224万人、49.8%，到2015年底分别减至的5 575万人、5.7%。但我国的贫困线标准较低，而针对发展中国家，国际通行的贫困线标准是世界银行制定的每人每日消费支出1美元。大量贫困人口的存在不但不利于和谐社会的构建，也会成为阻碍国民经济持续健康发展的制约要素，其后果非常严重。

多功能农业自产生以来就得到国内外学者与决策者的广泛关注，被认为是未来农业的发展趋势，最初在联合国《21世纪议程》中，其含义为粮食安全和可持续发展，后来在WTO谈判中，又包括生态环境、结构调整、农村发展、减轻贫困等议题。而贫困问题作为农业多功能理论的一个重要方面也是世界发展的共同话题。农业增长是发展中国家战胜城乡贫困最合适的途径吗？对这个问题还没有一致的结论，对农业增长对减少贫困的作用机制还不明确。许多跨国及特定国家研究表明农业增长有助于贫困较少。21世纪，农业仍是可持续发展和贫困减少的基本工具。Minh Quang Dao（2009）指出发展中国家生活在农村贫困线以下的农村人口百分比线性依赖于人均农业增加值。Hanmer和Nashchold（2000）指出农业与现代部门劳动生产率的比率越高，贫困减少作用越大，但这适用于撒哈拉以南非洲和南亚，拉丁美洲并非如此。Throbecke和Jung（1996）使用跨部门数据进行实证研究，得出农业减贫是至关重要的。可见，如果要实现联合国反贫困反饥饿千年发展目标，需要下大力度在总体上发展农业，特别是促进小农的发展；也有些人认为农业增长减贫是有条件的。Mellor（2001）指出农业增长能有效减少贫困，因为除了增加贫农收入外，也产生了对穷人易生产的货物和服务的需求。但若土地和收入分配高度不平等，那么土地拥有者会消费进口或资本密集型产品，而不是小规模的劳动密集型国内制造品和服务，减贫效应弱化。Timmer（1997）发现制造业由于增加了雇用工人的收入直接减少贫困，但是它恶化了收入分配，减少对穷人的效应，同农业增长相比，农业增长不恶化收入分配。本部分归纳总结农业增长对于贫困减少的作用机制：

1. 食物价格效应

农业增长导致食物供给增加，食物价格下降，人们能够买到更多更有营养的食品，健康化花费支出减少，生产率提高，有助于增加收入、促进贫困减少。技术进步引致农业生产率提升使食物价格降低，贫困人口更容易获取含有较高营养成分的食物，穷人的福利得到改善（Hazell & Haddad，2001）。Kalirajan 和 Singh（2009）指出食物价格的降低使穷人获得营养的机会增多，减少营养不良，从而减少健康支出的花费，有效减少贫困。樊胜根等（2006）运用时间序列数据建立联立方程组分析中国农业科研投资对城镇贫困的影响，分析结果表明由于农业科研投资导致城市食品价格下降，农业科研在缓解城镇贫困方面起重要作用，如何维持一个足以缓解城镇贫困的农业科研投资水平至关重要。

2. 雇用创造效应

农业增长通过雇用创造效应减少贫困主要是指农业生产发展通过雇用较多劳动力减少贫困。具体来说，一方面，农业自身作为国民经济的产业部门，属于劳动密集型产业，能够雇用较多人员，减少贫困；另一方面，农业通过与其他产业部门的联系，增加了非农就业机会，减少了失业，降低了贫困发生率。农业通过与服务业、制造业部门的前向和后向联系，创造了许多农村和城市的非农就业机会。此外，农业从业人员增加，收入增加，会增加对其他部门产品的需求，引起其他部门劳动力需求增加（Hanmer & Naschold，2000）。Hazell 和 Haddad（2001）列举了一系列农业技术改进对贫困的潜在影响，其中提到农业与城乡非农经济的联系，创造雇用和工资效应，使城乡贫困人口受益。

3. 基于经济增长中介效应的农业增长减贫作用

反贫困是重要的经济发展目标之一，而经济增长和收入分配是实现这一目标的最有效途径。农业发展不但有助于经济增长，也有利于收入分配改善，从而促进贫困减少。大量证据表明农业发展有助于经济增长

(Schultz, 1964; Thirtle, Lin & Piesse, 2003)。这样，农业对于整体经济增长的贡献在多数情况促进了贫困的少。也有人认为，有利于穷人的经济增长不会自动实现，而是取决于许多因素，特别是增长的部门构成、部门的贸易条件等。Bhagwati 和 Srinivasan（1975）指出没有率先发展农业的发展中国家工业化的结果是经济增长率不高、收入分配也很不平衡。

二、现代农业发展与创业投资的对接机制

（一）现代农业发展和吸引创业投资的机制

1. 资源节约效应

中国是世界上人口最多的国家，我国农业自然资源的特征是总量比较丰富但人均占有量少，发展农业是人们生存、社会稳定的第一要务。目前，我国农业生产的快速发展，很大程度上靠的是大量的物质资源消耗，增长方式粗放、资源利用率较低、浪费现象较为严重。自然资源的无偿使用及不合理利用，使其总量和人均资源均呈现不同程度下降，农业发展面临资源环境约束。

土地资源，据《国际统计年鉴》整理计算，从总量来看，中国土地总面积960万平方公里，仅次于俄罗斯、加拿大和美国，居世界第四位。但我国耕地资源的数量在逐年减少。1990年耕地面积为12 368万公顷，2012年下降到10 652万公顷，22年间减少了1 716万公顷。在现有的耕地中，水土流失依然严重，土地沙化面积在逐步扩大，中国是沙漠化危害严重的国家之一。并且，我国农垦历史悠久，质量好的土地资源绝大多数已被开发利用，土地资源中难以利用的土地资源面积大，土地后备资源潜力较小，特别是耕地后备资源不足。从人均来看，人均耕地少。2013年世界人均耕地面积为0.20公顷，而我国仅为0.08公

顷，不到世界人均耕地面积的一半，我国以占世界7.15%的土地面积养活近世界19.05%的人口。在中国耕地中，中低产耕地的比例较高，未利用土地多分布在海拔较高、缺水和气候比较恶劣的地方，开发难度和成本较大。水资源，中国是一个水资源短缺的国家，水资源总量不丰富，人均占有量更低，并且水资源时空分布不均。据2014年《国际统计年鉴》统计，中国人均可再生淡水资源由2005年的2 156立方米下降到2011年的2 093立方米，而世界该数字由6 794立方米下降到6 123立方米。

随着工业化和城市化的发展，农业面临更加严峻的资源环境约束。工业化的过程是人类生产活动由农业部门转向非农业部门，城市化的过程则是人口分布由农村转向城市。工业化发展和城市化发展均对土地产生了新的需求，以解决原有建设用地不足问题，导致工业和城市用地规模的逐步扩大。工业化和城市化的发展不但占用了土地资源，而且对土地资源质量也产生较大影响。工业生产带来的废渣、废水、废弃和居民生活带来的生活垃圾等造成生态环境恶化，降低耕地质量。工业化和城市化的发展对水资源的需求不断增加，水资源消耗速度不断加快。城市土地利用向立体化使用转变，人口、社会、经济活动不断向城市聚集，城市水资源利用更加集中。加上城市路面大量使用混凝土，减少了地面的可渗水面、绿化面积也缩减。工业化和城市化的发展，特别是工业废水，由于数量大，并且成分复杂，严重影响了水资源质量。

总之，虽然中国国土面积广阔，但未利用土地多分布在海拔较高、缺水和气候比较恶劣的地区，开发难度和成本较大。而且，随着工业化、城市化进程的加快，大量土地资源被占用，农业用地数量不断减少。大量农药、化肥的使用所造成的环境污染、生态破坏等也使得农业用地质量下降；中国水资源总量不丰富，人均占有量更低，并且地域分布极不均衡，水资源富集地区和经济发展重心偏离。工业化和城市化的发展又加快了水资源的消耗速度，同时工业废水和生活污水的大量排放，严重影响了水质。水资源的数量和质量正在不可避免地下降。

随着中国工业化和城市化的进一步发展，农业资源将会进一步减少，农业发展将会面临更加严峻的资源约束。这就要求我国农业发展应转变发展方式。现代农业的从传统技术与劳动型向现代农业技术与知识型转变，从资源消耗与污染环境的增长方式向资源高效利用、保护生态环境与可持续发展的增长方式转变等目标是资源环境约束下我国农业发展的必然要求。

2. 农业投资收益率提高效应

长期以来，中国农业容纳人口较多，1952 年容纳总就业人口的 83.5%，农业生产呈现出“小农化”的特征，处于较为分散化的状态。随着市场化的发展，农产品市场发生了较大变化，一体化、全球化程度加强，消费者为主导，需求呈现出多样化和优质化的要求。在这样的市场环境下，小农生产的低质量、低加工程度农产品难以满足国内外农产品市场需求，面临着较大的价格风险以及“小农户”与“大市场”无法对接的矛盾。据《国际统计年鉴》统计分析，2012 年中国农产品逆差为 906.48 亿美元。随着户籍制度改革和土地流转制度的实施，允许土地有条件地流转、入股、抵押贷款，释放土地红利。城镇化深入推进，大量农村剩余劳动力转移出来，农业人口大幅减少，农业土地实现集中连片、规模化经营，农业生产效率提高，到 2014 年，农业容纳总就业人口的 29.5%。此外，现代农业实行一体化、规模化、产业化经营，拉长价值链，覆盖初级产品生产、加工、包装、检测、储运、营销服务等诸多环节，增加价值增值。这样，现代农业发展通过以规模经营为特征的横向拓展和以拉长产业链条为特征的纵向延伸，能够化解传统农业长期以来存在的规模小、产品散、品质低等问题，降低小农供给与市场需求之间的矛盾，资本收益率提高，吸引大型资本进入。

3. 需求保障效应

农产品的基本功能是满足人们的物质需求，是人类赖以生存的必需品和前提，具有需求价格弹性和需求收入弹性低、抗周期性强的特点。世界人口数量的绝对增加，特别是发展中国家人口的迅速增加对农产品形成刚性需求。中国是拥有13亿多的人口大国，13亿多人口的吃饭问题使农业发展面临较大市场。加上城镇化的深入发展，农业人口非农化加快，农产品逐步由自给自足向商品化转变，商品化程度逐步提高。特别地，无论经济处于繁荣期，还是衰退期，人们都要面临吃饭、穿衣问题，农产品需求受经济周期影响小。此外，随着收入水平的提高、生活节奏的加快以及近年来不断出现的食品安全问题，人们对农产品的需求层次、需求种类有所差别，越来越注重健康食品，所以与安全食品、绿色食品、有机食品相关的农业生产、销售等领域成为关注热点，具有较大的市场空间。为了确保国家能源安全，生物燃料作为石油等工业燃料的替代指标呈现出不断发展态势。从而，工业对农产品的需求不断增加。

可见，农产品需求不断拓展，除口粮的基本需求之外，饲料用量、工业用粮等不断增加，从而现代农业发展具有需求保障效应。

4. 农业的多功能效应

当经济发展水平处于较低阶段，农业在国民经济中所占份额较大，是经济增长的重要源泉。当经济发展水平较高时，农业对经济增长的直接贡献降低，农业在GDP中的份额大幅度下降。这时，人们开始注重农业的非经济功能，即农业多功能作用的发挥。多功能农业自产生以来就得到国内外学者与决策者的广泛关注，被认为是未来农业的发展趋势。

农业多功能性是指农业除具有生产食物和植物纤维等农产品这一主要和传统的认知功能外，还具有其他经济、社会和环境方面的非商品生产功能，主要包括农业非商品产出的保护和改善环境、形成农业景观、维护生物多样性、保持农村活力和地区平衡发展、确保粮食和食品安全、农村失业保障、替代社会福利保障、经济缓冲、消除贫困和确保农民生计、保留农村文化遗产等。农业的多功能性具有以下特征：①注重生态环境的保护，如生态农业、有机农业、立体高效型农业等。农药、化肥的使用不再是农业增加产量的主要手段，农业更倾向于生产人们的现代消费品、工业投入品、出口创汇的农产品以及在单位土地资源上加强空间、时间的多层次利用，进行有利于保护生态环境的农业活动。②为农业生产提供直接服务的各种经济活动，如农资供应、农业基建、农产品收购、加工、贮藏、运输、农技推广、人员培训、信息咨询等，在农业生产中所占比重不断提高。③满足国内外居民消费需求的新型产业，如都市农业、假日农业等，在农业生产中所占份额不断增多。④农业与其他产品部门、技术的结合空前紧密，如将农业与旅游融为一体的休闲农业、观光农业、旅游农业，与高端技术和装备结合形成的设施农业，与生物医药技术结合的分子农业、太空农业、海洋农业等新兴领域，充分挖掘农产品的医药、保健、工业原料等价值。农业作为一个社会事业部门的属性日益明显。

可见，农业的多功能性为现代农业发展拓宽了发展空间，提供了农业价值增值的机会。

（二）创业投资促进现代农业发展的资源优化配置效应

由于农业具有的弱质性，使得外部资金对现代农业发展来说至关重要。外部投资的来源有两部分：政府投资和社会投资。政府和市场是配置资源的两种手段。单靠政府“有形的手”调节资源配置，存在政府失灵问题。一方面，如政府对经济活动进行直接干预，会扭曲正常的经济行为，保护了现有厂商的利益、阻碍了有效竞争，产生了扭曲的进入激励，一些企业以获得补贴、奖励等为目的，出现了一批依靠“壳”生存的企业，结果是造成配置效率低下。另一方面，经过30多年的改革开放，整个国民经济有了大量的剩余和积累，到了工业“反哺”农业的阶段，从而农业投资的来源和领域有了较大的拓展。

创业投资是新形势下的一种特殊的投融资机制，在它的运行过程中主要实现三大功能，不仅向创业企业、创业项目提供资金的融资，解决资金短缺问题，而且有协助创业企业、创业项目成长的技术支持、管理协作功能，帮助农业项目实行市场化运作和品牌战略，并能够推动优秀企业、优秀项目快速成长，产生巨大经济效益示范的择优示范功能，从而加快创业企业、创业项目的成长速度，激发产业发展的内生动力和活力，提高产业竞争力。

农业是国民经济的一个产业部门，其生产的产品和提供的服务既可以作为最终产品直接到达消费者手中，也可以作为中间产品为其他产业发展提供原材料。由此，农业要想获得持续、长远发展，其生产的产品和提供的服务需参与市场竞争，满足市场需求，通过市场交易才能实现其产品价值。现代农业创业投资是将创业投资投向现代农业，在带来资金和技术的同时，更重要的是将标准化生产、企业化管理引入其中，实行公司化运作、产业化经营，形成了“以工促农”的内生机制，将农业的生产、加工、销售各环节有机结合起来，使农业生产能够按照市场需求有计划地生产，既降低了市场风险，又提高了产品效益。

由此，现代农业创业投资有助于发挥市场的资源优化配置作用，实现农业的市场化经营，提高价值增值。

三、现代农业创业投资的特点

与其他创业投资项目相比，现代农业创业投资具有委托代理关系较复杂、主体各方利益差异较大、参与主体素质较低、面临的风险较大、投资周期长和收益回报慢等特点。

（一）委托代理关系较复杂

现代农业创业投资涉及的利益相关方较多，包括政府、投资者、创业投资企业、现代农业创业企业、农户，它们彼此之间均存在委托代理关系。当委托人和代理人之间的信息是充分的、完全的，则委托人能够较好地掌握、监督代理人的行为，从而代理人行为也能够较好地遵照委托人的意愿。但是，由于信息不对称是普遍的。一方面，委托人可能不了解代理人的信息，那么，存在委托—代理关系时，就可能出现委托人选择了“较差”的代理人，出现逆向选择。相应地，代理人可能不了解委托人的信息，可能出现代理人选择了“较差”的委托人。另一方面，由于委托人不能很好地监督代理人的行为，代理人就可能采取一些危害委托人的败德行为，道德风险问题就很容易发生。相应地，代理人也有可能不能有效地监督委托人的行为，委托人也可能采取损害代理人的行为，出现道德风险问题。极端情况下，由于信息不对称，就会导致两者不能很好地对接，交易不能发生。现代农业创业投资涉及的委托—代理关系包括：

1. 投资者与创业投资公司之间的委托—代理关系

投资人和创业投资公司之间的委托—代理关系表现有三种形式：一是签约前投资人（委托人）对创业投资公司（代理人）的类型、能力及创业投资公司（代理人）投资项目成功与否的概率等均不了解；二是投资者与创业投资公司签约后对投资项目成功与否的概率仍不了解；三是投资者与创业投资公司签约后，作为代理人的创业投资公司的投资决策与管理行为具有不易观测性。

2. 创业投资公司与现代农业创业企业之间的委托—代理关系

创业投资公司与现代农业创业企业之间的委托—代理关系表现为：一是相对来说，农业企业规模小，财务关系等不够透明，信息不对称程度更大。由此，签约前创业投资公司（委托人）对现代农业创业企业（代理人）的类型、能力及现代农业创业企业经营能否成功、成功的概率等较难了解或了解不充分；二是在创业投资的投资资金投入到现代农业创业企业中以后，创业投资公司对现代农业创业企业能否成功以及成功的概率仍不了解；三是创业投资公司投入资金后，现代农业创业企业可能利用创业投资公司掌握信息较少的劣势做出不利于创业投资公司的败德行为，由此产生道德风险问题。

3. 现代农业创业企业和农户之间的委托代理关系

现代农业创业企业与下游农户（即原材料供给者）之间的委托代理关系，仍是源于信息不对称。现代农业创业企业作为委托人委托作为代理人的农户生产统一标准的原材料，但由于信息不对称，农户也可能做出违反合约败德行为，产生道德风险问题。

（二）主体各方利益差异大

微观经济学中有一个基本假设，人均是“理性人”“经济人”的假设，即任何人的经济活动都是追求自己的利益最大化。由于不同的主体有着不同的利益，从而，其作出的行为也是追求不同利益的行为。相应地，对于消费者来说，追求效用最大化。对于生产者来说，追求利润最大化。对于政府来说，代表整个社会的利益，追求整个社会福利的最大化。现代农业创业投资涉及的利益相关者包括政府、投资者、创业投资公司、现代农业创业企业、“较多”农户。根据理性人假设，相关利益者均追求自己的利益最大化。

政府是社会整体利益的代表，追求的是整个社会福利的最大化。整个社会由生产者和消费者构成，政府追求社会福利最大化，即政府既代表生产者的利益，也代表消费者的利益。这样，一方面由于现代农业发展对整个社会做出的贡献大于现代农业发展本身所得到的报酬，具有正外部性的特点，即农业发展除自身作为国民经济的一个部门对经济增长的产品贡献外，还有雇用创造贡献、市场贡献、资金贡献、要素贡献和外汇贡献等间接贡献以及农业的多功能效应等。由此，会引起该产品投资、供给不足，这就需要代表“生产者”利益的政府进行干预，给予农业生产者利益的补偿，使得现代农业得到的私人利益与其所做出的社会贡献相符，从而弥补产品不足问题。另一方面政府也代表消费者的利益，消费者追求的是效用最大化。就现代农业发展对消费者效用的影响而言，包括消费者能否享受到农产品以及享受到的农产品的质量。消费者享受的物美价廉的农产品越多，其效用越大。除此之外，政府是社会整体利益的代表，现代农业发展对社会整体利益的影响还包括现代农业发展对整个社会产生的环境污染等。总之，现代农业创业投资发展中，政府既是生产者利益的代表、也是消费者利益的代表，其行为准则是以社会总体利益最大化为目标。

投资者、创业投资公司、现代农业创业企业、农户均是作为现代农业创业投资中的“生产者”身份。根据理性人假设，其各自从自身的利益出发，追求的是自身利润的最大化，均是“逐利者”。

需要注意的是，不同于其他产业的创业投资活动，由于现代农业创业投资过程中现代农业创业企业与其对接的农户数量相对较多，农业企业对其进行有效监督、问题识别、内部信任较难，涉及的农户越多，农户“搭便车”行为发生的概率越大。这和农户特殊的“公正观”有关，农户特有的公正观是指农户作为生产者的行为本应追求自身利益的最大化，即追求自身利润的最大化，但是农户在很多时候不会只考虑自身，关注自身生产行为的利润最大化，而是更看重别人是否从自己的行为当中无偿地获得了好处，这种特殊的“公正观”使得农户生产行为偏离“经济人”假设，易使农户产生非理性心理，即如果无力阻止其他人采取“搭便车”行为，自己也会加入到“搭便车”行为中去。

总体上来看，现代农业创业投资活动中涉及的利益相关方较多，各利益相关方均是经济人，均从自己的利益最大化出发，从而各方利益主体之间的行为难免会出现矛盾。

（三）参与主体素质较低

人力资本作为经济增长重要的要素和发展基础，特别地，作为一种日益稀缺的战略性资源，其对中国农业发展的作用日益突出。传统农业中，农民的受教育水平较低，耕作技术通常依靠代际传递，但现代农业发展要求农民必须掌握农业技术、应用现代生产资料和科学管理方法。Welch（1970）指出，在帮助农民更快适应杂交技术和其他新技术的过程中，人力资本的巨大价值已开始显现。特别地，随着城市化的较快发展，越来越多的农村人口流入城市、从事非农生产，流出的大多是受教育程度高、年轻力壮的青年，而留在农村、从事农业生产的多为受教育水平较低、掌握技能较少的“老弱病残”，甚至有的地方出现撂荒现象，这进一步制约了农业现代化的发展。

众多学者指出农业发展亟须高层次人才。农民素质低、农业科技推广人员匮乏导致农民对新知识、新技术、新成果和新品种接受能力差，使农业技术成果转化率低，一方面造成农业资源的浪费，另一方面阻碍农业的发展。如今，随着新技术、新产品和新工艺的引进，为实现农业可持续发展，农业经营要求更广泛的知识基础。也就是说，现代农业发展对农业人力资本提出更高要求。Hassine（2008）研究人力资本和开放性对地中海农业部门技术扩散和生产率增长的影响。结果表明人力资本和开放性的正向作用以及内化于进口资本品的外国技术与受教育水平也很重要。Abdulai 和 Huffman（2005）以坦桑尼亚农民为样本，使用风险函数或持续性函数解释杂种牛技术的扩散。研究结果表明：农民采用杂种技术与该农民与其他使用者的临近度、农民的受教育水平以及他的信贷渠道及与推广人员的接触正向相关。Besley 和 Case（1993）指出决定采用新技术是一项投资决策，这是因为在获得以及了解一项或更多新技术的性能特征以及随着时间的推移收益分配相关信息的过程中，产生成本。这意味着农民面临很大的不确定性，额外的受教育水平能帮助他们做出更好的采用决策以及增加农场利润率。因为额外的受教育指导农民怎样使用有关技术以及他们的信息评估技术，额外的受教育可能影响他们获取信息类型和数目的选择。我国学者郭剑雄和李志俊（2009）、陆文聪和吴连翠（2011）等都明确指出人力资本对现代农业发展的必要性。

农业对自然环境依赖性较大，参与主体素质较低，形成了农业产业“安居乐业、小富即安”的氛围。相对于其他产业企业而言，农业企业规模还比较小，培育储备不足，具有创新意识和开拓意识的企业家不多。虽然在企业家身上具有勤奋、朴实、坚韧和务实的优良品格，但同时也具有保守性，与其他产业的企业家相比，较为缺乏创新意识和危机意识，对外界变化做出快速反应能力明显不足，开拓意识不强，特别是缺乏冒险或进取精神，而且大量民营企业规模小，还没建立现代企业管理制度，主要依靠个人经验和家族管理。部分企业家观念落后，对“权力”比较重视，对股权质押、知识产权质押等入股投资方式的创业投资认识不足，不愿意接受外界资金进入，认为外部资金的介入对企业管理限制、控制和干预过多，影响自己的“权力”，是“不保险”的。

（四）农业面临风险较大

与其他产业相比，农业发展面临的风险较大，面临着自然和市场双重风险，具体表现在：一方面，农业直接从自然界中获取产品，对气候、天气等自然环境依赖性比较大，易受洪涝、干旱等自然灾害的影响，且农业生产要遵循动植物的生命周期，面临着自然风险；另一方面，农业生产相对分散，农产品市场议价能力普遍不强，终端农产品价格波动会给企业经营带来较大不确定性，且对农产品的需求易受季节影响，农产品市场波动剧烈。加上农产品、农业项目通常建设周期和生产周期较长，农业投入大、资金回收期长，这样，供给对需求缺乏快速的反应，农业生产面临较大的市场风险。

（五）投资周期长和收益回报慢

创业投资一般需要较长的存续期，特别是农业，投资周期长，投资数量大，短期内投资回报较少或没有。由于部分社会出资人对创业投资的认识不足，部分创业投资者在首期出资后，较为关注资金回报率，在短期内收益回报不足，达不到预期效果，则在大市场环境影响下，就会导致后期投入滞后，影响投资资金整体的运作。其中，就会产生变更出资主体、资金周转紧张、拆分股权等影响按照创业投资协议约定出资的状况，导致相关工作进度滞后。

四、政府促进和引导现代农业的依据

市场和政府均是资源配置的有效手段。单靠市场调节资源配置，在“外部性”“公共物品”“公共资源和信息不对称”等情况下存在市场失灵的问题。与其他创业投资项目相比，现代农业创业投资具有委托代理关系较复杂、主体各方利益差异较大、参与主体素质较低、面临的风险较大、投资周期长和收益回报慢等特点。农业的高投入和高风险使农业的比较收益明显低于其他产业，而资本天然具有向高收益行业集中的逐利性，这样，单靠市场调节资源配置就会出现市场失灵问题。这些特点导致资金流入农业较难以及资金流入农业后留住资金也较难，造成创业投资和现代农业发展的对接矛盾，创业投资农业领域投向不足。此外，现代农业发展具有雇用创造贡献、市场贡献、要素贡献、资金贡献、外汇贡献、农业多功能性等正外部性以及农业生产带来环境污染的负外部性，这就需要充分发挥政府“有形的手”的作用来弥补市场这一“无形的手”的市场失灵，需要政府对现代农业创业投资进行引导、监管和评价，引导创业投资投向现代农业，并对其进行监管和评价。由此，运用市场失灵理论、投资理论以及农业经济学等相关理论分析政府促进和引导介入现代农业的依据。

（一）现代农业发展的正外部性效应

农业对经济增长的贡献首先体现为农业作为国民经济的一个产业部门，生产的产品和提供的服务主要满足人们衣食等物质需求，即农业产值对经济增长的直接贡献。对于任何国家来说，只有保持一定的粮食自给性，才能谈得上其他方面的发展。只有解决好粮食安全问题，才能实现国家的经济安全和政治安全。我国是世界上的人口大国，粮食安全问题更加突出，必须充分发挥本国农业的生产能力，提高粮食自给率。从

20 世纪 80 年代以来，中国保持 95% 以上的自给率，21 世纪以来自给率有所下降。现代发展经济学家大多数都认为农业的角色和农业发展是国家建设和健康发展的主要部分。许多发展经济学家指出尽管农业的份额相对的下降了，但它的绝对数仍在增加。没有率先发展农业的发展中国家工业化的结果是经济增长率不高、收入分配也很不平衡。要使农业部门为经济发展做出贡献，只有保持农业持续、顺利、健康的发展才有可能。如果在农业基础还很薄弱，草率的削弱农业，盲目追求工业化，那不仅会损害农业部门，而且会严重的制约非农产业部门和国民经济的发展。

需要注意的是，农业对国民经济的贡献，除了直接贡献外，间接贡献也是不容忽视的。表现为：雇用创造贡献、市场贡献、资金贡献、要素贡献、外汇贡献以及农业的多功能作用。随着收入的提高，农业的间接贡献越来越有价值。一个地区的人口越稠密、城市化水平越高，对农业的间接贡献和多功能作用要求也越大。所以对农业的间接贡献和多功能作用的关心与研究主要集中在发达国家，发展中国家尽管认识到农业的间接贡献和多功能性，但由于其发展水平或其他方面的原因，并不认为这一问题具有紧迫性甚至相关性。

农业对国民经济的雇用创造贡献是指：一方面，农业是劳动密集型产业，技术水平要求相对不高，农业增长会创造许多进入壁垒较低的就业机会，带动经济增长。另一方面，农业增长带来的食物供给增加，导致农产品价格下降，农业原材料的低成本以及较低的名义工资，刺激劳动密集型产业投资的增加，进一步带动就业，从而加速经济增长。此外，农业的雇用效应还表现在推进工业化、城市化进程上。农业和农村经济的发展既是城市化的原始动力，又是城市化的基础，良好的农业基础在城市化初期起关键作用。我国农业的进步和农业现代化的发展，在很大程度上推动了城市化的进程，为农村剩余劳动力的转移提供了条件。农村劳动力由农业转向非农产业、由农村迁向城市是促进工业化和城市化发展的重要因素。英国城市化基本的前提条件在于农业和农村发展，英国城市化的第一前提是英国农业生产力的发展，第二前提是英国农村劳动力的剩余与转移。农业为国家工业化发展提供了大量的、价廉的劳动力。在中国工业化初期，工业部门对劳动力的需求迅速扩张，开始了农民向工人转变的历史跨越。随着农村改革以及城乡户籍制度的放松，农村剩余劳动力更容易从农业部门转移出来，素质较高的农业劳动力大量转移到第二产业、第三产业，且价格低廉，为农村工业化和城乡第三产业的兴起做出了巨大的贡献。

农业对国民经济的市场贡献是指：农业发展，农业从业人员收入水平增加，特别是农民，农民生活质量有了显著提高，货币性支出增加。除了消费水平的绝对增加之外，居民消费结构不断优化和升级，具体表现为：消费水平提高、消费结构优化和消费观念升级，农村消费日趋社会化和商品化。食品、衣着等基础性消费由于受客观生理条件的限制，具有需求价格弹性低、需求收入弹性低的特点，从而只有消费结构不断优化，由食品、衣着等基础型消费为主向家庭设备及用品、文教娱乐等发展享受型消费为主转变，才能进一步拉动居民消费，挖掘居民消费潜力。中国农村居民消费水平得到了较大提高，农村居民人均消费支出由1978 年的 138 元增加到 2012 年的 1 123 元（扣除了物价水平的影响，即 1978 年 =100），35 年间增长了 7. 14 倍。

从消费结构来看，图 3 –4 是中国农村居民人均现金消费支出构成。由该图可以看出，农村居民在食品、衣着等生活必需品方面的支出比重逐渐下降，在居住、家庭设备用品及服务等其他方面的消费比重逐年上升。说明农业发展为工业乃至整个国民经济增长提供了巨大的需求拉动作用，农业对经济增长的市场贡献将越来越大。

农业对国民经济的资金贡献是指：农业对国民经济发展的资金贡献主要来源于税收、工农业产品价格“剪刀差”和储蓄。计划经济体制条件下，国家通过工农业产品价格的“剪刀差”，从农业部门攫取大量资金，为工业发展提供了资本的原始积累。改革开放后，政府努力缩小工农业产品价格“剪刀差”，农产品和工业品的计划定价逐渐被取消。从 2001 年开始，政府为减轻农民负担，开始对农村税费制度进行改革。2006 年国家取消了农业税，但农民的税负并没有完全消失。农民在购买农用生产资料时仍需缴纳增值税。另外，随着农民收入的增加，农民的储蓄能力也较以前大大增强了。因此，农业对工业乃至整个国民经济的资金贡献仍较大。

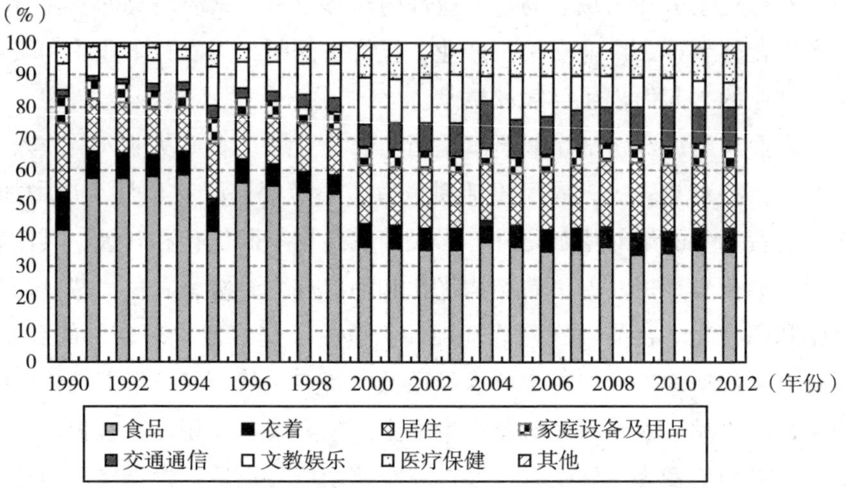

图 3-4　中国农村居民人均现金消费支出构成

资料来源：根据 1991～2015 年《中国农村统计年鉴》相关数据整理计算。

农业发展对国民经济的要素贡献是指：农业为国家工业化发展提供了大量的、价廉的劳动力以及为其他部门的发展提供中间投入。在国家工业化初期，工业部门对劳动力的需求迅速扩张，开始了农民向工人转变的历史跨越。随着现代农业的发展，农业通过横向拓展和纵向延伸，充分发挥其与其他产业的前向关联和后向关联产业效应，农业作为原材料性质的基础产业作用将得到不断增强。

农业发展对国民经济的外汇贡献表现为，我国农产品贸易为国民经济的发展积累了巨额外汇。从 1949～2003 年，我国农产品贸易均为顺差，为国民经济的发展积累了巨额外汇。但随后农产品贸易出现逆差，农业发展对外汇积累的贡献减弱了，但历年来，我国农产品出口货物金额仍然保持上涨趋势。此外，如我国出口的纺织品、食品和轻工产品大多以农产品为原料，工业产品的贸易顺差效应，部分来自农产品的贡献。

由此，农业对国民经济的贡献，虽然直接贡献有所降低，但是农业是基础产业，其直接贡献具有国家战略地位。此外，农业还具有雇用创造贡献、市场贡献、要素贡献、资金贡献、外汇贡献等间接效应。

再加上农业具有多功能性，即农业发展不但具有经济功能，还具有生态、社会和文化功能，如带动其他产业发展的产业关联与融合效应，提供草原、森林、绿洲、湖泊、耕地等无偿的景观，净化空气、保护植被、涵养水源、防风固沙、调节气候、美化环境的保护生态，保障粮食等重要农产品供给关系国计民生的保障国家和社会稳定，有较强的正外部性。这些功能是农业生产的外部效应，难以通过市场交换获得价值补偿，属于市场失灵的部分，会导致供给不足，由此需要政府“有形的手”弥补市场“无形的手”的市场失灵。

（二）现代农业发展的负外部性效应

气候变化已经成为最紧急的全球环境问题，大气中温室气体的浓度持续增加。2001 年政府间气候变化专门委员会指出自记录以来，20 世纪 90 年代是最暖和的 10 年，气候变化的后果将比预期更加严重，变动率对于过去的 1 万年来说是前所未有的。人为的气候变暖主要是由于温室气体排放造成的，比如二氧化碳、甲烷、一氧化二氮，而二氧化碳是最重要的人为温室气体排放。全球范围内，气候变化对公众健康、环境、农业、公平和经济带来威胁。

人类引起的所有环境影响根本上都与人类行为有关。造成全球气候变暖的因素有很多，但考虑到产品生产周期的影响，食物生产和消费是最具污染性的日常活动之一，减少食品相关行业的温室气体排放对于公众健康、环境和农业发展至关重要。如食物生产和消费通过养牛和水稻耕作的甲烷排放以及由于生产和使用化肥导致的一氧化二氮排放造成温室气体排放。食物系统矿物燃料在运输、加工、零售、存储和制备中的使用造成了大量的二氧化碳排放。特别地，经济的快速发展使人们的购买力不断增强，不仅造成食物需求呈刚性增长，而且人们朝向更加富裕的食物消费结构，在外就餐、冷冻食品、加工成品、半成品受到普遍青睐，这种变动趋势将给环境带来更大压力。

现代农业发展的负外部性效应主要指现代农业发展带来的环境污染、能源消耗问题。有许多学者专门就食品相关行业的能源使用情况进行了分析。Pimentel 等（2008）指出农田、淡水和能源短缺要求大多数人口以素食为主。美国食物生产系统使用大约 50% 的美国土地资源，大约 80% 的淡水和 17% 的矿物燃料。对于矿物能源的较大依赖表明美国食物系统，无论是肉食为主还是素食为主都是不可持续的。Gerbens-Leenes 等（2010）指出每种食物所需的特定自然资源由生产系统决定，食物在所需土地、能源和淡水方面显示出较大差别。通常，富裕的西式食物消费结构比贫困的发展中国家的食物消费结构需要更多的自然资源。典型的富裕的食物消费是动植物油、饮品以及来源于动物的产品像奶、奶酪和肉。比如，在西方国家，动植物油的土地需求大约是 25%，肉的土地需求大约是 30%，而肉的能源和淡水需求也大约是 30%。袁正等（2011）认为水生态占用计算应当包括食物生产过程中所能提供的各项生态服务功能水体总量、食物运输过程中的水资源消耗、再加工过程的水资源利用量以及浪费或废弃食品的自然消耗所需要的水资源量四个部分。基于这一理论，该文以太湖流域上游常州市为例，计算出该市城乡居民人均食物消费生产过程中的水生态占用量。

21 世纪农业发展面临很多挑战，其中之一就是人类食物生产和消费应该怎样变动来减少农业的环境足迹之间的关系。全球来看，世界人口的持续增长造成食物需求呈刚性增长，食物需求的不断增加需要更多的土地、淡水等资源的投入，也造成温室气体排放的不断提高。除了人口增加，世界上大多数国家和地区经济获得快速发展，人们的购买力不断增强，不仅导致食物需求量的增加，而且刺激了居民对粮食以外的其他农产品消费需求。关于人类营养的研究表明，世界范围内营养转型发生了，人们朝向更加富裕的食物消费结构。自 18 世纪初，伴随着经济发展的营养转型引起欧洲和美国食物消费结构的巨大转变。经济发展也发生在发展中国家，像中国，食物消费结构变动给资源环境带来更大压力。

（三）资本的逐利本质

创业投资活动对经济社会有较大的促进作用，主要体现在三方面：一是促进科技创新，产生了创新技术外溢；二是加快产业形成，从而带动更多的经济产出；三是通过扶持其他产业的发展，带动更多的就业。但在市场机制下，民间创业投资机构的逐利行为和分散运作会导致市场失灵，出现资本倾向于投向比较效益高的非农产业部门，而不是比较效益低的农业产业部门。即使创业投资投向农业产业部门，也是投向养殖等利润率比较大的农业领域，或者出现一些投资者也可能将农地转用做非农用途，将粮食用地转作非粮作物，或一些资本存在套取国家粮食补贴、农业补贴行为等问题。从创业投资的自我循环来看，收益越高、创新能力越强的产业对创业投资的吸引力越强，越容易得到资金支持。而收益较低、创新能力较弱、资金较缺乏的产业越难吸引创业投资流入，继而形成恶性循环。这些特点导致创业投资和现代农业发展的对接矛盾，造成创业投资农业投向不足及投资扭曲，不利于现代农业的形成和发展。

为了克服创业投资资源配置过程中的农业投向不足以及扭曲等市场失灵问题，就需要政府充分发挥“有形的手”的作用来弥补市场这一“无形的手”的市场失灵。由此，需要政府加强对现代农业创业投资的引导、监管和评价。

第四章

促进现代农业发展的相关政策梳理及效果分析

为鼓励现代农业投资，国家相关部门制定和实施了一些政策。通过资料收集、实地调研、专家座谈、调查问卷、电话访谈等方式，选取对现代农业及创业投资发展有较大影响的农业科技推广政策、户籍制度改革政策和农业园区建设政策进行梳理并就其效果进行分析。农业科技推广、户籍制度改革和农业园区建设有利于农业的科技化、规模化和产业化经营，提高农业收益率，从而增加现代农业对创业投资的吸引力，推动现代农业创业投资发展，使创业投资投向现代农业，现代农业更好地利用创业投资。

一、农业科技推广对现代农业发展的影响及效果分析

（一）农业科技推广对现代农业发展的影响

近年来，中央经济工作会议和中央农村工作会议都明确指出："农业发展的根本出路在于科技进步""农业科技是确保国家粮食安全的基

础支撑，是突破资源环境约束、农业价值增值必然选择，是加快现代农业建设的决定力量”。在依靠科技来满足日益增加的农业发展整体需要的背景下，关键是提高农业科技成果转化率，提高科技对农业的贡献度。当农民意识到提供的新技术，但由于提供的信息有限，他们对相关成本和收益有不准确的感知。而农民的决策依赖于他们的感知，如果他们的感知与技术的正确属性不一致，那么他们的资源分配和技术选择将偏离社会最优水平，这表明将先进知识和技术快速而有效的转移给农民、提高农民对技术的理解以及增加农民的技术和管理技能至关重要。农业科技推广是农民所需农业信息和技术的重要来源，也是将农民需求和反馈传递给研究者和政策制定者的重要渠道，是提高科技成果转化率的关键。而农业科技推广对农户、农业发展的重要作用有着正外部性影响，会导致市场失灵，造成私人投资不足，这就需要政府进行干预，弥补市场失灵问题。在农技推广体系改革和建设方面也先后出台了一系列政策措施，为农业科技推广的不断发展提供了保障。

由此，对农业科技推广的效果进行研究，对于现代农业建设具有重要的理论和现实意义。基于此角度，通过问卷调查、专家访谈等形式，获得农民对农业知识的需求以及农业科技推广相关问题的第一手资料，系统的分析农民对知识的需求状况及农业科技推广效果，以及制约农业科技推广效果发挥的原因，有助于提高农业科技成果转化率以及增加现代农业领域对创业投资的吸引力。

（二）农业科技推广效果分析

围绕近年来中央经济工作会议和中央农村工作会议对农业科技推广及农业现代化重要作用的强调，相关调研人员数次到吉林省东丰县农业局、农业科技推广站进行实地调研、与农业科技推广相关专家、部分省农委相关专家进行座谈，就农业科技推广问题调查问卷的可行性和必要性进行论证、修改和完善以及农业科技推广相关问题进行探讨。数据主要来自对吉林省东丰县职业高中学生的问卷调查，调查对象为我们随机抽取的950名学生的家庭，调查的方法是对950名学生发放调查问卷以及讲解相结合的方式，让他们回家帮助父母完成此项调查，这样可保证问卷的回收率。为使问卷更通俗易懂，设计问卷问题时充分考虑了问卷的口语化和生活化，主要考虑农民对科技知识的需求状况和农技站、农业科技推广对农民的帮助状况等展开问卷设计。相关问题见表4－1。

表4－1　　农业科技推广调查问卷

变量	问卷问题	答案
你现在最想学什么知识	M1	不限
是否咨询身边的农技站	M2	是、否
身边公家的农技站个数	M3	否、个数
身边的农技站对你是否有帮助	M4	是、否
遇到农业问题找谁	M5	公家的人、自己解决、屯邻
遇灾情况	N1	是、否
如何解决遇灾	N11	靠等闲、采取措施
是否有科技人员（农技站）帮助解决遇灾	U1	是、否
是否遇到过虫灾	N2	是、否
虫灾解决方式	N22	靠等闲、采取措施
虫灾是否有科技人员（农技站）帮助	U2	是、否
家畜（禽）遇到过瘟疫吗	N3	是、否
家畜（禽）瘟疫如何解决	N33	靠等闲、采取措施
家畜（禽）瘟疫是否有科技人员（农技站）帮助	U3	是、否
你了解种子的好坏吗	N4	是、否
选种自己选还是有人帮忙	N44	自己、有人帮忙
选种谁帮忙，是屯邻还是农技站	U4	屯邻、农技站
你了解施肥吗	N5	是、否
自己会施肥还是有人教	N55	自己、有人帮忙
谁教的施肥	U5	屯邻、农技站、卖化肥的
你了解怎么喷农药吗	N6	是、否
自己会喷还是有人教	N66	自己、有人帮忙
谁教的喷农药	U6	屯邻、农技站、卖农药的

1. 被调查者的基本情况

考虑到本部分的研究主题以及东北地区农业生产特点，设计“家庭有多少垧地”“耕地面积”“耕地年收入”“养殖年收入”考察样本的代表性。根据“家庭有多少晌地”这一问题统计，在所调查的950户家庭中，有251户家庭没有对此问题进行回答，在作出回答的699个家庭中，有24户家庭只有0垧地，675户家庭拥有地。根据“耕地面积”这一问题统计，对此问题作出回答的有524户家庭，其中拥有耕地的有511户。根据“耕地年收入”这一问题统计，对此问题作出回答的有594户家庭，其中拥有耕地收入的有559户。可见，所调查对象有一定的代表性，务农家庭所占比重较大，能够有效解决所考察的农业科技推广效果问题。

2. 农民对农业知识的需求状况

根据问题M1统计，共有282户家庭对此问题进行了作答，其中21户家庭对此问题做了不知道、否、无答案，在261户家庭填写的答案中有86户填写的答案不与农业直接相关，其余175户家庭填写的答案与农业知识直接相关。

此外，针对农民对科技的需求情况，从遇灾、虫灾、瘟疫、种子、施肥、喷农药方面展开，主要分析农民自身的了解状况、解决方式。就农民对科技的需求状况展开调查进行统计，见表4－2。

表4－2　农民对科技的需求状况　单位：户

问题	未填	填写	没有遇到/不了解/靠等闲	遇到过/了解/采取措施
遇灾 N1	418	532	140	392
虫灾 N2	435	515	202	313
瘟疫 N3	435	515	283	232
种子 N4	399	549	220	329
化肥 N5	401	549	142	407
农药 N6	415	535	145	389
遇灾 N11	706	244	93	151
虫灾 N22	660	290	9	281
瘟疫 N33	743	207	23	184

由表4-2可知，对于填写问卷的样本来说，遇灾、遇到虫灾、遇到过家畜（禽）瘟疫、不了解种子、不了解化肥、不了解农药的比重分别为73.68%、60.78%、45.05%、40.07%、25.87%、27.01%，由此可见，多数农民都遇到过灾害，对种子、化肥和农药，农民有最基本的了解。在做出回答的样本中，农民遇到灾害、遇虫灾、遇到家畜（禽）瘟疫会采取措施的比重分别为61.89%、98.97%、88.89%，可见，农民遇到灾害、遇虫灾、遇到家畜（禽）瘟疫采取靠等闲、听天由命的较少，多数农民会采取措施应对，农民遇到问题时有积极的态度，说明农民乐于接受知识应对灾害，农民对农业知识存在需求。

3. 农业科技推广对农民的影响

为探究农业科技推广对农民的影响设计问题M2、M3、M4、M5进行问答。根据问题M2统计，共有198户家庭进行了作答，其中96户家庭咨询过身边的农技站；根据问题M3统计，其中335户家庭进行了回答，其中1人回答不知道、93户回答有1个、23户回答有2个、12户回答有3个、3户回答有4个、4户回答有5个以上农技站，可见，农技站的供给状况不容乐观；根据问题M4，有169户家庭对此问题进行了回答，其中106户家庭认为农技站有帮助；根据M5，对此问题作出回答的有267户，其中58户求助于政府（即公家人）、171户求助于屯邻、9户靠自己解决、2人求助于朋友和亲戚，14户回答否或无。可见，农技站尚未充分发挥其对农户的带动作用，有待进一步提高。

就具体问题而言，由表4-3可知，在填写答案的农户中，遇灾、遇到虫灾、遇到家畜（禽）瘟疫没有科技人员（农技站）帮助解决遇灾的农户所占比重较大，分别为90%、85.71%、59.20%；遇到灾害采取措施的农户中，有科技人员帮忙的农户所占比重分别为3.57%、9.90%、31.47%。这也表明科技人员（农技站）对农户抵御自然灾害发挥的作用很小。

表 4－3　　农业科技推广对农民的影响

问题	未填	填写	否	有	采取措施	采取措施应对灾害的农户中有科技人员帮忙所占比重
遇灾 U1	680	270	243	27	392	14
虫灾 U2	698	252	216	36	313	31
瘟疫 U3	749	201	119	82	232	73

由表 4－4 可知，在填写答案的农户中，选种、选化肥、选农药时依靠农技站帮忙的比重分别为 25. 26%、12. 84%、24. 48%，可见，科技人员（农技站）对农户选种、选肥、选农药的影响也是不容乐观。

表 4－4　　农业科技推广对农民的影响

问题	未填	填写	屯邻	农技站	其他（亲戚、卖者）
种子 U4	756	194	107	49	38
化肥 U5	798	148	41	19	88
农药 U6	807	143	34	35	47

由此，在所调查的样本中，科技人员（农技站）对于农户抵御灾害、选种等其他生产资料所发挥的影响较小，并未发挥出农技站应有的提高科技成果转化率、提高科技在农业中含量的作用。

4. 农业科技推广存在的问题

根据调查问卷中农业科技推广对农民影响的实际情况以及对相关农民、农业科技推广站的实地调研以及座谈可知，从中央对农业科技推广、农业现代化重要作用的强调来看，农业科技推广实施效果并不理想，农业科技推广的支撑能力建设面临很多问题，主要表现在：

（1）农业科技推广人才不足。

根据对农业科技推广站的相关调研及相关专家座谈可知，农业科技推广人员存在：学历水平不高、专业不对口，由于编制限制，出现“对口专业的学生想进进不来、农业科技推广站想要要不来”的问题，突出表现为编制内进来的人员多是转业兵，他们专业多不对口，占用编制，并且农业科技推广站本身就已存在编制超员等问题，阻碍了相关对口专业人才的引进。此外，就农业科技推广人员本身来说，他们需要完成主管部门交付的行政工作，这样专门从事农业科技推广工作的人员较少，不利于农业科技推广效果的发挥。

（2）农业科技推广缺乏绩效评价。

由于缺乏绩效评价，干多干少一个样、推广业绩与收入挂钩较少，农业科技推广人员仅是“做好本职工作，完成分配任务”，并且下乡需要投入人力、物力和财力，缺乏下乡补助，抵消了农业科技推广人员推广科技的积极性，从而不利于农业科技推广效果的发挥。

（3）培训内容不实用。

据农业科技推广专家讲述，他们接受的培训，培训内容存在不切实际的现象。如相关专家讲述他们的国外经历等，而对具体的种植方法等农民实际需要的、迫切关注的问题谈之较少。他们需要的是对当地的自然条件、对农业生产本身有实地操作经验的专家。农业科技推广面临的组织问题之一就是农民不参与，主要原因在于“不是农民不听，而是听了用不上”。可见，培训内容的可操作性是各级农业科技推广机构至关重要一环，只有培训内容切实可行，才能充分调动农民的积极性，才能促进农业科技推广组织工作的顺利开展。

（4）农业科技推广投入不足。

目前，我国农业科技推广经费不足，并且人员存在超编现象，人员本身的工资问题都需要靠自己解决，从而导致农业科技推广职能定位发生变化，他们不专注于农业科技推广，将农业科技推广沦为“副业”，而是从事其他一些与农业无关、但有效益的市场化行为，从而不利于农业科技推广效果的发挥。

二、户籍制度改革对现代农业发展的影响及效果分析

（一）户籍制度改革对现代农业发展的影响

户籍制度，是一项基本的国家行政制度。传统户籍制度是与土地直

接联系的，是以家庭为本位的人口管理方式，我们国家实施的是城乡二元户籍制度。城乡分割的二元户籍制度阻碍了农村剩余劳动力转移，不利于农业的规模化经营和机械化生产，农业资本收益率较低（Hertel and Zhai，2006），不利于现代农业的发展以及创业投资的进入。户籍制度改革是将城乡分割的二元户籍制度过渡和改革为城乡统一的一元户籍制度，取消户口农业与非农业的分类，取消户籍对人口城乡流动的限制。户籍制度改革对于当前我国加快城镇化进程、促进农民收入增长、破解城乡二元结构意义重大，是我国迫切需要推进的一项重大任务（孙文凯等，2011）。能否成功深化户籍制度改革，不仅直接影响到我国现代农业的发展，还影响到经济持续健康较快发展、社会秩序和谐稳定、经济社会结构转型顺利完成，影响现代农业发展对创业投资的吸引力。

1. 为现代农业发展的规模化经营创造条件

长期以来，中国农业生产呈现出“小农化”的特点，实行的家庭联产承包责任制充分调动了农民的积极性，发挥了劳动力优势。但随着经济的发展以及城市化进程的加快，劳动力成本提高，则拥有更大土地面积、机械化程度更高的农户变得更有效率。Hazell（2011）指出西方国家已经经历了这种转型。自1970年后的30多年里，美国和加拿大的农场大小各自增加，分别从157公顷增加到187公顷、178公顷到273公顷。自20世纪70年代早期，丹麦、法国和荷兰的农场面积扩大2倍。户籍制度改革在一定程度上打破了户籍制度对农村剩余劳动力转移的限制，农村大量剩余劳动力转移出来，有利于现代农业实现规模化经营、机械化生产，提高农业资本收益率。据统计局统计，第一产业就业人数在总就业人数中所占比重由1978年的70.53%下降到2014年的29.50%。农业劳均农作物播种面积由1978年的5.30千公顷提高到2014年的7.26千公顷。

2. 为现代农业发展拓宽市场空间

户籍制度改革有利于农民市民化。农民市民化后，一方面，粮食等农产品自给自足减少，农产品商品化程度逐步提高；另一方面，通过城市居民消费的“示范效应”，市民化后的农民消费也“市民化”，越来越注重健康食品，有机农业、安全农产品相关领域成为关注热点。从而，为现代农业发展拓宽市场空间。

3. 为现代农业发展提供制度保证

政府和市场是配置资源的两种手段。单靠市场调节资源配置存在市场失灵问题。单靠政府调节资源配置，存在配置效率低等政府失灵问题。农业是国民经济的基础，关系国计民生。尽管农业在国民经济中相对份额不断下降，但农业的基础地位不会动摇。农业除了对国民经济做出直接贡献外，还具有间接贡献和多功能作用，这种间接贡献和多功能作用具有一定的正外部性。如农业生产虽数第一产业范畴，但农业具有的净化空气、保护植被等多功能性所产生的环境效益是全社会都可以享有的，这样农业所获得私人收益小于其对社会做出的贡献，会导致供给不足，因此需要政府干预、支持，促使农业由传统农业向现代农业转变，提高农业收益。户籍制度改革是国家行政制度，具有权威性、整体性和强制性。户籍制度改革是一项复杂的系统性工程，不仅涉及户籍制度，还需要养老、医疗等社会保障、公共财政、医疗卫生公共服务、基础教育服务、民政计生服务、住房保障、农村土地宅基地制度等方面进行相关政策配套。户籍制度改革为促进农村剩余劳动力转移，为现代农业的规模化经营和机械化发展提供了制度保证。

（二）户籍制度改革效果分析

为客观评价户籍制度的改革进程，发现问题、完善对策，选取山东省某某市作为研究对象。为深入贯彻落实党的十八大和十八届三中全会精神，按照中央和全省城镇化工作会议关于进一步推进户籍制度改革的要求，该市从 2014 年 10 月 1 日开始全面深化户籍制度改革，推进农业转移人口市民化，并进一步加强居住证管理服务工作。

1. 座谈会形式

与受访者进行座谈，在座谈过程中采用自由发言、填写调查问卷的方式分析受访者对户籍制度改革的满意程度、落户门槛、进城后的安置、相关权利保障，共有53个人参与座谈。本次调查让受访者对相关问题的评价在1~5分范围内打分，1分为最低，5分为最高。调查结果如下：

进城落户门槛：15.38%受访对象认为户籍转移门槛较高（即给出4~5分），66.67%认为户籍转移门槛低（给出1~2分），76.31%认为能够容易提供户籍转移支撑材料（即给出1~2分）。

工作人员服务：11.11%认为办理户籍转移手续比较烦琐（即给出4~5分），31.58%认为相关部门能够主动解答户籍转移政策（即给出4~5分），48.57%对相关部门服务态度比较满意（即给出4~5分）。

户籍制度改革的影响：未转移人员中只有11.76%比较关注户籍制度改革（即给出4~5分）。

进城落户后的安置：子女教育情况，45.22%受访对象对子女义务教育免除学杂费、借读费情况比较满意，40.63%对子女去公办学校或普惠性民办学校就读情况比较满意（即给出4~5分）。就业创业情况（即给出4~5分），16.67%对就业创业情况比较满意，18.18%对职业技能培训情况比较满意，23.53%对相关就业扶持政策比较满意；收入情况，36.67%对转移后的收入比较满意（即给出4~5分）。

权利保障：对农村“三权”、农村利益分配权保障情况比较满意的受访对象所占比重为16.13%。对享受农村计划生育情况比较满意的占23.33%，对廉租房、公共租赁住房、租赁补贴情况，低保、社会保险、医疗保险情况，党、社团组织、社区的关心情况比较满意的受访者比例（即给出4~5分）分别为19.35%、33.33%、22.22%，22.36%感觉到转移后比较幸福（即给出4~5分）。

通过座谈会调研，我们发现户籍制度改革过程中，进城落户门槛较低，但受访人员对相关工作人员服务状况、进城后的安置以及权利保障问题的满意程度较低。

2. 调查问卷形式

采用问卷调查、实地调研、电话访问等方式进行，最终结果均呈现为调查问卷，详尽掌握农民对户籍制度改革的了解程度、落户原因和满意程度等，共回收有效调查问卷616份。本次调查让受访者对相关问题的满意程度在1~5分范围内打分，1分为最低，5分为最高。

受访对象中49.2%是男，50.8%是女；就学历而言，49.7%接受过大学及以上教育；就工资而言，4.6%月收入在1 000以下，8.8%月收入为1 000~2 000元，26.6%为2 000~3 000元，35%为3 000~4 000元；就工作而言，78.5%有稳定工作，21.5%没有稳定工作；就社会保障而言，80.4%有养老和医疗保险，19.6%没有。可见，我们所选样本具有一定代表性。

调查结果如下：

对户籍制度改革的了解程度：受访对象中4.4%知道而且清楚户籍制度改革，44.6%听说过，但不太了解，51%没听说过；就转移后的幸福感而言，47.2%认为户籍转移后幸福感会有所提高，52.85%认为不会提高；就户籍制度改革的影响而言，56.9%认为基本没有影响，26.1%认为没影响，11.9%认为有影响，5.1%认为影响很大。

进城落户原因：38.8%为了子女能接受更好的教育，7.3%为了提高收入，49.5%为了生活更方便，4.4%觉得城市基础保障好。

户籍转移后的变化：就收入而言，62.8%认为收入没有明显增加，28.1%认为收入稍有增加，只有9.1%认为收入有明显提高；就消费而言，49.6%认为消费没有明显增加，32%认为消费稍有增加，18.4%认为消费有明显增加。

权利保障：总体而言，46.9%对落户城镇的权利保障满意，4.4%非常满意，43.7%觉得一般，5.4%觉得不满意；就农村计划生育政策而言，77.1%没有继续享受农村的政策；就子女教育而言，非常满意和满意的受访对象分别占8.8%和56.9%。

工作人员态度，22.7%和53.2%的受访对象对农转非过程中工作人员态度分别为比较满意和满意。

可见，人们对户籍制度改革不太了解，对落户过程中工作人员态度比较满意。进城人员主要为了追求更便利的生活，其次是为了子女受到更好的教育。进城后，多数人收入和消费没有较大变化，消费增加略多于收入增加。就权利保障而言，大多数受访人员对进城后子女教育比较满意，但其他权利保障不容乐观。

3. 户籍制度改革推进现代农业发展过程中遇到的问题

（1）农村户口仍附着较多利益。

随着市场经济的发展、国家财政投入的加大，“三农”政策的落实，农民、农村、农业各项福利待遇的提升，成为农村人口不愿进城的一个原因。核心问题是农村人口的既得利益问题，如土地的征迁、租赁，二胎政策，农村住房及村民福利，户口留在农村可继续享受农民的粮食直补、农资综合补贴和良种补贴等与承包土地相结合的国家各项惠农政策，也可按照有关规定有偿流转土地承包经营权。

（2）城市缺乏吸引力。

农民会就是否进城问题进行成本与收益评估，只有当他们认为户籍制度改革，即农转非后带来的预期收益大于预期成本时才会希望户籍迁移，才会进城落户。目前来说，城市吸引力小，城市住房价格高、生活成本高，愿意落户城镇的受访者主要是看好城市内教育资源好，生活方便，城市业余生活丰富。目前社保、医保已逐步实现城乡统筹，城市的福利正在弱化，相对于农村来说，城市并没有很大吸引力。

（3）农转非带来农村资源闲置与城市资源紧张的矛盾。

由于农业比较收益低，使得大量的农村劳动力不得不进城务工。农民工进城务工、农民市民化虽然在很大程度上促进了城市的经济发展，同样也带来了弊病。农村地区会因为缺乏劳动力而导致发展更加缓慢，而城市聚集度增加又会带来资源短缺问题。近年来，我国农村人口流动加剧，特别是农民工进城现象进一步凸显农村人口“空心化”、大城市人口聚集带来的农村资源闲置和城市资源紧张之间的矛盾。如教育资源方面，农村人口向城区流动，农村学校学生人数减少、城区需容纳学生数增加，出现农村学校校舍闲置，资源浪费，城区学生数量的迅速增加，现有校舍将不能满足学生的上学需求。同时，考虑到新建校舍从规划审批到施工建设以及投入使用，在短时间内将无法满足迅速增加的学生的上学需求，对师资也提出更高要求。但是，教师编制的申请、新教师的招考等，又是一个相对较长的过程。

（4）对户籍制度改革的宣传力度不够。

通过调研发现，户籍制度改革的社会知情度不高。没听说过户籍制度改革的占 51%，听说过但不太了解的占到 44.6%，两者相加占到 95.6%。因此，加大对户籍制度改革的宣传力度有助于提高户籍制度改革的进展及相关政策实施效果。

三、农业园区建设对现代农业发展的影响及效果分析

（一）农业园区建设对现代农业发展的影响

2016 年中央一号文件《关于落实发展新理念加快农业现代化实现全面小康目标的若干意见》1 月正式发布。《意见》提出要大力推进农业现代化，必须着力强化物质装备和技术支撑，着力构建现代农业产业体系、生产体系、经营体系，实施藏粮于地、藏粮于技战略，推动粮经饲统筹、农林牧渔结合、种养加一体、第一、第二、第三产业融合发展，让农业成为充满希望的朝阳产业。党的十八大报告指出，加快发展现代农业园区，鼓励龙头企业、农民专业合作组织等参与到现代农业园区开发建设中。《国民经济和社会发展第十三个五年规划纲要》中提出“优化特色农产品生产布局，加快现代农业示范区建设”。此外，在一些区域范围内也提到促进农业园区建设的政策。如国家发展改革委员会发布的《黄河三角洲高效生态经济区发展规划》中提出，要充分发挥

区位和资源优势，推动产业结构优化升级，建设以高效生态农业为基础的高效生态产业体系。针对畜牧业，要围绕生态畜牧业的发展，建设现代畜牧业示范园区，推动循环种养、生态养殖和绿色能源建设相结合。

在党和国家政策的指引下，某些省委省政府、市政府认真贯彻落实中央关于发展现代农业的政策，积极发展现代农业产业，带领农民致富，带领农业走可持续发展路线。为此，相关部门也先后出台了一些政策和规划用以扶持现代农业类园区的发展。为了解农业园区建设发展情况，本部分选取山东省某某市为研究对象，走访农业园区及工业园区，并与园区管委会、企业和居民采取座谈及调查问卷形式，了解农业都市园区发展情况并与该市工业园区进行对比分析。

与工业园区相比，发展农业园区建设具有比较优势：

一是工业园区企业对当地劳动力吸纳能力有限。开发区对被占地农民出路的安置政策缺乏对劳动力合理流动的有力导向，仅采取资金补偿的方式。农民愿意从事工厂工作，对开发区建设期望较高，希望就近工作，而园区企业对人员素质要求高，能提供的就业机会不多，这样，农民不得不外出打工，而园区企业也面临着劳动力就地取材的困难。园区实施的土地储备、土地预征措施致使开发区的土地得到超前开发，但多数园区发展速度较慢，企业入住率不高，对当地居民的就业带动作用尚未发挥。调研结果表明工业园区居民中只有 39.89% 的受访者认为居民在园区内企业的就业率高。相对比而言，发展农业园区能够较好地吸纳当地农村劳动力，带动当地农民就业。

二是工业园区企业仍存在污染，严重影响居民生活。工业园区或多或少会产生环境污染、噪声污染等，影响园区内居民生活。在调查过程中，有居民反映：园区工厂在减少白天废气、废水排放量的同时增加了夜间排放量。这样的做法，一方面在表面上躲过了政府相关部门的监管，另一方面又严重危害了当地居民的身心健康。此外，有的开发区在引进企业时，尚未考虑到居民区和工业区之间的关系或有的居民区尚未完成搬迁，企业位于居民区附近及以内，影响周围居民生活，如噪声等。有的开发区修建道路横穿村庄，行驶车速过快造成村民伤亡。调研数据显示，关于经济开发区内企业对自然环境的影响，受访居民中62.84%认为企业对自然环境的影响主要在于空气；20.77%的居民认为影响主要在于污水；8.20%的居民认为影响主要在于废物垃圾；8.20%的居民认为影响主要在于噪声；只有31.15%居民认为企业的碳排放量少。

与一般工业园区的区别在于，农业园区污染少、噪声小，周围可住居民，从而农民和企业可实现水、电、道路、气等资源共享，可避免一般工业园区基础设施资源存在的浪费现象，如电厂、道路存在生产的规模经济和使用的规模经济，只有生产产品和使用用户达到一定量，成本才能达到最低，但仅靠园区企业可能达不到规模经济水平，造成浪费。另外，现代农业园区以现代农业为主导，可带动周围农民较大就业，催生大老板、小老板、产业工人，从而实现产城融合，避免园区发展成为“空城”。

三是发展工业园区被占地农民与未被占地农民的短期利益差别大。工业园区建设会占用一部分村民土地，这部分农民成为失地农民。对于这部分失地农民来说，在收入上，可以获得失地补偿款、村集体财产收益分红等。失地农民也不用把大多数时间放在土地生产经营上，这些人“从土地上被解放出来”，可以出去打工，获得工资性收入。生活环境上，开发区建设给当地居民带来了实惠，特别是基础设施方面，公路、卫生等生活环境有了较大改善，被占地农民“提前过上了城里人生活”。而对于未被占地的农民来说，由于未被占地没有土地补偿款，尽管也进行了如旱厕改造等生活环境的改善，但相对于失地农民而言，无论是收入上还是生活环境上，距离“过上城里人生活”还有较大距离。而发展农业园区可以在一定程度上实现“未被占地农民的愿望”，缩小被占地农民与未被占地农民之间在收入和生活等方面的差距。

（二）农业园区建设效果分析

1. 农业园区建设的经济效益、生态效益和社会效益

2009年，该市市委、市政府提出“大力发展都市农业”战略决策

以来，以“城乡和谐、产业融合、建设生态和谐宜居城市”为目标，以“都市农业园区项目建设”为抓手，积极引导工商资本投资都市农业，加快推动传统农业向现代农业转型升级，取得了初步成效。该市已开工建设都市农业项目120个，其中，以突出农业生态功能为主的生态观光型项目43个，以突出农业生活功能为主的休闲体验型项目46个，以突出农业生产功能为主的生产基地型项目31个。首批30家市级都市农业示范园区规划总面积26万亩，已开发利用6.40万亩，同比增长12%。计划总投资55.72亿元，已完成投资15.95亿元，同比增长14%。实现生产、经营收益3.76亿元，同比增长13%。以中心城区为发展核心、以次中心城区为发展重点的都市农业蓬勃发展，并取得显著的经济效益、生态效益和社会效益，体现出“企业带园区、城市带农村、能人带穷人”的发展效应，具体而言：

（1）生态建设增加了新效应。

开工建设的一批城市公园绿地、沿路绿色长廊、沿水系景观休闲带和街头精品绿化点，加快了生态和谐宜居城市建设步伐，建成的农业园区等已成为城乡居民休闲观光、娱乐体验的好去处。城市建成区绿化覆盖率、绿地率、人均公园绿地面积分别为41.9%、35.8%和15.3平方米，城区建设各类绿地12.06万亩。

（2）为农业发展拓展了新空间。

随着都市农业发展，既促进了农业内涵式发展，又拓展了农业的发展空间。

一是农业正融合第三产业发展。都市农业把传统农业单一的生产功能拓展到生态观光、休闲体验、科普教育等多种功能，吸纳发展旅游、餐饮、商贸等非农产业，农业显著增效，使农民大幅增收。二是农业正融入城市发展。城市及其周边，以插花状、镶嵌型、网状分布的“城市景观农业”，以盆栽花卉、盆栽蔬菜为主的“阳台农业”，以楼顶绿化、种植体验为主的“楼顶农业”等新型农业业态迅猛发展，使农业成为城市生态建设不可缺少的有机组成部分，成为社会生态文明建设的重要内容。据不完全调查：全市阳台种菜总户数达6.79万户，阳台种菜面积达12.6万平方米。其中，阳台无土栽培户和阳台立体栽培户分别达到1.76万户、2.69万户。三是农业向“四荒”资源进军。城市及其周边，闲置、废弃的荒山、荒坡、荒水和荒滩“四荒”资源得到有效开发利用，闯出了一条土地节约型、资本与科技密集型的都市农业发展道路。如开发荒水荒滩8 000亩，建成生态观光带、观光农业区、生态乡村庄园，建成集农业观光、休闲度假、餐饮服务为一体的国家AAA级景区和国家级农业旅游示范点。开发荒山2 000亩建成了独具特色的集有机食品藕生产、秸秆综合利用、藕产品综合开发、观光休闲娱乐于一体的国家AA级旅游景区。四是农民增收开辟了新渠道。发展都市农业促进了农村土地流转，增加了农民土地租金收入，带动了当地第三产业发展，解决了农村闲散劳动力就业，增加了农民工资性收入。

2. 农业园区建设存在的问题

（1）受土地政策限制，部分项目用地困难。

调查发现，用地难问题已成为农业园区建设的主要障碍。一是建设用地指标受限。在农业园区建设中，配套基础设施及附属建筑物需占用少量土地，但受国家土地政策制约，部分园区建设用地指标解决难度大。二是土地流转亟须规范推进。虽然土地流转机制已初步建立，但仍然存在一些困难，零星小块的土地置换和流转仍未破题，流转过程中存在成本偏高、操作不规范、流转程序不完善等问题，易造成流转纠纷和二次补偿，制约着园区规模发展。

（2）投资资金持续力不足，外来资本投入明显偏少。

农业园区不同于传统农业，它将第一、第二、第三产业融合发展，延长了产业链条，也增加了投资商的资金支出，再加上农业本身固有的周期长、见效慢特点，致使很多企业投入部分资金后没有见到成效，就开始减少投入，造成资金投入持续力不足。在调查的园区投资企业中，本地企业占绝大多数，以农业龙头企业为主，外来资本投入明显偏少，招商引资力度不够。而金融系统对农业企业贷款的门槛较高，信贷、融资困难现象依然存在，资金制约性较大，造成部分园区发展缓慢。

（3）部分投资项目存在“两高两低”现象。

一是投资热情高、规划标准低。很多投资企业发展园区农业的热情较高，但由于对其功能定位认识不足，没有引进专业团队进行策划包装，致使园区规划标准偏低，经营模式单一。二是投资意识强、建设档次低。投资商以其对市场信息敏锐的洞察力，对新兴事物投资意识较强，如开心农场、生态餐厅等项目，但由于对项目可行性分析和创新性研究不够，存在盲目照搬、定位不准、特色不强现象，致使园区建设档次不高，科技文化内涵偏低，影响投资效益。

第五章

现代农业创业投资引导基金的“梭形”投融资机制构建

一、现代农业创业投资引导基金的影响效应分析

（一）资金放大效应

根据现代农业创业投资对接与政府引导理论研究，一方面，发展现代农业具有确保国家粮食安全、促进产业增值、减少贫困的“正外部性”以及现代农业发展本身的“弱质性”，使得外部资金对现代农业发展来说至关重要。外部投资的来源有两部分：政府投资和社会投资。另一方面，现代农业发展也有其“负外部性”以及创业投资所具有的资本的天然“逐利性”。如果政府不对民间创业投资资本进行适当的引导，在发展现代农业中就可能出现：在既有的创业投资资本规模下，流入现代农业的创业投资资本不足。或者即使社会资本流入现代农业，但是流入现代农业的创业投资资本过于集中在现代农业企业的后期阶段，农业企业早期阶段资本流入不足，现代农业的形成与发展难以为继。由此，现代农业发展需要政府投资支持，需要政府投资的整体性、权威性和引导性，需要政府将有限的资金作为“种子”，集聚社会资源，发挥其引导多元投入、对社会投资的“杠杆”作用，放大投向现代农业的资金。

此外，政府在投资之后，也能获得利润，实现保本增值，滚动发展，减轻财政压力。如云南省已设立的四只新兴产业创业投资基金，在募集全部完成后，在中央和地方财政4亿元资金引导下，集聚7.86亿元的社会资本，放大倍数接近1:2。

针对上述现象，应设立现代农业创业投资引导基金。现代农业创业投资引导基金是对农业投资的创新，是政府投资和社会投资的融合。创业投资引导基金是政府设立的政策性基金，按照市场化模式运作，目的是通过利用政府资金的“杠杆”作用引导社会资本投入特定领域。现代农业创业投资是将创业投资投向现代农业，为现代农业提供资本和增值服务的投融资方式。现代农业创业投资引导基金是政府牵头的引导、鼓励创业投资投向现代农业的投融资方式，通过政府资金引导更多的社会资本进入现代农业。

此外，与其他产业相比，农业是弱质产业，具有投资金额大、投资周期长、风险大的特点，而这不利于地方政府的“政绩”。由此，应设立国家级的现代农业创业投资引导基金。国家级的创业投资引导基金是中央财政参股设立的现代农业创业投资基金。成立国家级创业投资引导基金，能够调动地方政府资源，提高地方政府吸引民间创业投资资本、发展现代农业的能力。对于一些经济发展落后但具有发展现代农业资源优势的地区，能够突破地方财力对发展现代农业的局限，实现全国范围内的现代农业布局，对促进现代农业的形成与发展就有着重大意义。

（二）资源配置效应

创业投资最大的特点是将市场运作引入创业企业，增强其竞争能力。创业投资引导基金是通过政府资金引导更多的社会资本进入现代农业，这和政府补贴等政府农业直接投资有明显区别。政府直接补贴等政府农业直接投资，由于信息不对称、缺乏激励与约束机制等，可能导致农业增产不增收、滋生农业发展依靠补贴不求进取的惰性以及政府资金使用效率低下等问题。

现代农业创业投资引导基金是通过政府资金带动创业投资（社会资本）投入现代农业领域，其不但为现代农业提供资金支持，解决资金短缺问题，还为现代农业提供先进的经营管理理念、技术、资源和人才等方面的服务。创业投资对现代农业的最重要影响是实现市场化运作，引入竞争机制，促进农业产业结构调整和优化升级，推动农业经济发展方式转变，激活农业发展活力。

（三）评价监管效应

民间创业投资机构的逐利行为和分散运作会导致市场失灵，出现资本倾向于投向养殖等利润率比较大的部门，一些投资者也可能将农地转用做非农用途、将粮食用地转作非粮作物，或一些资本存在套取国家的粮食补贴、农业补贴行为。这些特点会造成创业投资农业投向不足及投资扭曲，不利于现代农业的形成和发展。

为了克服民间创业投资资源配置过程中的农业投向不足以及扭曲市场失灵问题，就需要政府充分发挥“有形的手”的作用来。由此，需要代表社会整体利益，追求社会整体福利最大化的政府加强对民间创业投资的评价和监管。现代农业创业投资引导基金中政府的介入有利于充分发挥其评价监管职能。

二、构建现代农业创投引导基金“梭形”投融资机制

根据现代农业创业投资的特点，分析现代农业创业投资五大行为主体政府、投资者、创业投资机构、农业创业企业和农户之间的委托代理关系以及信息不对称带来的道德风险和逆向选择问题，应设立现代农业创业投资引导基金。在现有现代农业创业投资取得的成绩基础上，总结经验，出台相应的管理办法和完善相关政策，明确引导基金支持的创业投资对象范围，对于合作创业投资机构的筛选、评审、决策、实施与监

督等具体规定等。同时，为了解决创业投资资金来源和持续发展问题，应设立国家级的现代农业创业投资引导基金。

进一步地，现代农业创业投资引导基金的发展需要建立有效的机制保证其顺利运行。不但要提供政策支持，更重要的还要着眼于政策支持机制的建立和完善。结合现代农业创业投资引导基金的特点及现代农业发展的周期以及创业投资资金的行为过程，需建立现代农业创业投资引导基金“梭形”投融资机制，框架如图 5－1 所示。

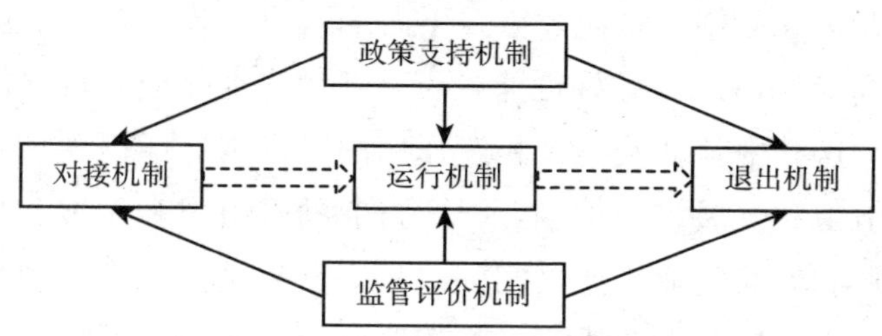

图 5－1　现代农业创业投资引导基金“梭形”投融资机制

根据创业投资逐利性本质，创业投资引导基金主要作用是带动创业投资投向“高成长性、高发展潜力”农业企业，待农业企业成功后退出，创业投资企业实现其资本价值。为保证现代农业创业投资顺利进行，需要建立覆盖现代农业创业投资整个运作过程的机制，包括如何帮助创业投资与农业创业企业建立联系的对接机制、帮助创业投资所投的农业创业企业获得成功的运行机制以及农业创业企业成功后创业投资如何实现资本价值增值的退出机制。同时，为保证现代农业创业投资整个运作过程顺利完成需要政策支持机制和监管评价机制两大机制作为保障。这五大机制紧密相连，缺一不可如图 5－1 所示。其中，政策支持机制和监管评价机制是保证现代农业创业投资引导基金的资金顺畅进入、运行、退出并实现价值增值的“扩力器”，形如梭子的现代农业创业投资引导基金投融资机制可以形成政府与市场、财政资金与社会资本的合力，解决现代农业发展的资金短缺问题。构建以对接机制、运行机制和退出机制为中心，以政策支持机制和监管评价机制为两翼的促进现代农业创业投资引导基金发展的“梭形”投融资机制，具体来说：

（一）对接机制

创业投资与农业创业企业的对接过程中涉及的主体包括政府、投资者、创业投资企业、农业创业企业、农户等，关键主体是创业投资企业和农业创业企业。只有创业投资企业和农业创业企业做好对接，通过市场“无形的手”进行资源优化配置，创业投资企业才需要上游的投资者，农业创业企业才需要下游的农户，政府才能发挥“有形的手”的职能。由此，做好创业投资企业和农业创业企业之间的对接至关重要，这其中就涉及三个相互作用的子机制：增进现代农业产业本身的吸引力和发展、增加创业投资行业的吸引力和发展、加强有利于创业投资和农业创业企业之间的对接平台建设。无论是现代农业企业资金的引入、还是创业投资的投资决策，以及两者的对接，在不完美市场中，要减少摩擦就需要政府的调控，需要政府在现代农业企业资金的引入、创业投资的投资决策，以及两者的对接提供相应的平台支持。

1. 增进现代农业产业吸引力和发展

与其他产业相比，农业产业具有天然的“弱质性”，对自然条件依赖性大，面临着自然和市场双重风险，加上资本及各种要素追逐高报酬高收益的“逐利性”，农业中的生产要素不断流出，农业对国民经济的直接贡献不断下降。但是，农业是确保国家粮食安全的基础产业，又具有正外部性、多功能性、强关联和强融合性，应从政策上加强宣传、引导发展，给予税收、财政等支持，强化人们对发展现代农业的信心和决心，增进现代农业发展对创业投资的吸引力。

2. 增加创业投资行业吸引力和发展

目前，我国创业投资行业资金来源渠道单一、总量不足，在一定程度上制约了创业风险投资产业的成长。为进一步加速创业投资行业的发展，应开辟多元化的融资渠道。许多地区创业投资活动较少，主要是因为人们对创业投资活动、政府引导基金缺乏了解。通过调查发现，许多地区政府部门只是停留在“听说过”“不太了解”的程度，许多创业企业也不太了解，从而，既不利于创业企业的发展，也不利于创业投资行业的运行。应加大对创业投资的宣传力度，促进创业投资与创业企业对接的良好氛围。

3. 建设创业投资与创业企业对接平台

与其他创业企业相比，农业创业投资存在规模小、现代经营管理水平不高、财务不透明等问题，这样创业投资和农业创业企业之间存在的更多的信息不对称，创业投资有资金供给但找不到好的农业项目，农业创业企业也有资金需求但找不到融资渠道。因此，应建立有利于创业投资和农业创业企业对接的平台建设，努力搭建各类高效运作的对接平台，促进现代农业与创业投资有机结合。首先，充分利用富裕的民间资本，这就要建立创业投资担保公司，成立各种担保机构、中介机构，健全担保机构、中介机构的准入、退出、风险补偿、奖励、外部监督等机制。形成以政府财力为引导、专业担保机构为主体的信用担保体系，使得民间资本愿意投向创业投资行业，为创业投资提供资金保障。其次，建设软件平台，为现代农业创业投资相关主体提供对接的场所。这可以是虚拟的，设立网络信息服务、网络运行平台，也可以是实体的，将各方资源汇聚在这个平台，促进智慧分享、信息交流，加快创业投资与现代农业企业的对接。

最后，现代农业创业投资引导基金不同于一般的创业投资基金，出资人构成性质比较复杂，涉及的相关主体较多，加上社会各界对创业投资的认识程度不够，亟须政府部门、投资者、创业投资企业、融资需求高的创业企业和优质项目单位等之间进行横向、纵向多种方式的沟通交流，确保现代农业创业投资的有效进行；要切实行使财政资金股东权益，严格坚持按协议条款出资，并协助基金发起方和管理团队推动基金整体出资进度，实现政府资金与社会资金管道有效连接。

(二) 运行机制

1. 通过让利等优惠条件，与民间资本建立合作投资关系

现代农业创业投资引导基金是政府资金与社会资本建立投资于现代农业领域的合作，促进现代农业发展。现代农业创业投资引导基金的设立不是为了资本的价值增值，而是为了通过让利等优惠条件发挥“杠杆”的作用放大投向农业领域的资金，即带动社会资本投向农业创业企业。由于现代农业创业投资引导基金限定了带动的社会资本必须投向农业，限定了创业资本的投向范围，而农业与非农产业相比，不具有“比较优势”，从而政府需弥补创业投资投向农业领域而没有投向非农领域带来的机会成本，这些机会成本就需要由政府提供诸如让渡部分政府资金未来收益的让利条件来获得。此外，社会资本之所以选择与政府引导基金合作投资，除了能够获得政府让利条件带来的机会成本的损失，还能获得政府参与的一些其他方面的优势：如提高企业声誉、提高项目成功率等。

与其他创业项目相比，农业创业项目面临的风险更大，因此应给予投向现代农业领域的创业投资更大、更多的优惠条件，增加现代农业对创业投资的吸引力，提高创业投资投向现代农业的积极性。

2. 与合作创业投资机构签订协议，委托其优选项目及资后管理

现代农业创业投资引导基金的目的是培养现代农业领域内“有发展潜力、有发展前途”的企业，使其发展壮大，进而通过“企业带动产业”，促进现代农业发展。所以，政府在引导民间资本投资现代农业时，为了保护其他投资者的利益，也为了防止发生政府直接选项投资的主观性和寻租性，会委托合作创业投资机构按照市场化原则则优选取投资项目和实施资后管理。当由合作创业投资机构负责选项投资并实施管理时，政府引导基金就充当了普通的资金供给者（有限合伙人）或资

金供给担保者的身份，引导基金的运行机制也就转变为普通创业投资机构的运行机制。通过合作创业投资机构的投资、资后管理及资本升值后退出项目，民间资本供给者获得了投资回报，政府限定现代农业领域内的优秀企业解决了融资问题并获得了成长。

需要注意的是，现代农业创业投资引导基金应坚持高端化、特色化、规模化、国际化发展方向，以企业为依托，以提升产业技术创新能力为核心，集聚国内外创新资源，加快产业结构调整和优化升级，全面提升农业特色产业影响力，着力构建有较强竞争力的现代农业产业体系。在以市场化为前提的基础上完善基金运行情况、交流回馈及上报工作，有效协调政府管理与市场合理对接，切实推动政府工作职能转型。

（三）退出机制

现代农业创业投资引导基金退出投资，政府在现代农业领域内成功的投资项目产生示范效应，吸引其他民间资本跟进或模仿投资于该领域。

1. 投资创业企业成功后政府退出投资

现代农业创业投资引导基金的目标是引导社会资本流向现代农业领域，当政策目标实现后，政府引导基金将适时退出。政府引导基金的退出方式主要有两种：一是在其所投资的创业投资机构存续期内，将其所持股份优先转让给其他投资者或公共转让（但原投资合作者在同等条件下具有优先购买权）；二是引导基金投资的创业投资机构到期后清算退出。特别地，应考虑现代农业企业自身的特殊性，即“小农的保守特性”，不愿意选择上市的“开放”“不安全”的退出方式，所以，在现代农业创业投资引导基金投资项目后退出应创新退出方式。

2. 政府成功的投资项目产生示范效应

由于政府让利和合作创业投资机构的市场化运作，一些由政府引导基金和民间资本合作投资的优秀项目会取得成功，并继而产生示范效应，引起其他创业投资机构的跟进投资或者模仿投资，从而使政府扶持的现代农业领域内更多的创业企业获得了创业投资资本，政府创业投资引导效果进一步扩大。

需要注意的是，创业投资引导基金虽也是资本，但要注意引导资金与资本的逐利性本质的区分，政府引导基金所起的主要作用是“引导”，而不是确保资本的价值增值。由于农业创业项目具有特殊的保障国家粮食安全基础性作用和正外部性作用，为引导更多地社会资本投向现代农业领域，而不是非农领域，必须有吸引创业投资愿意选择农业项目，而不是投向非农项目的理由，现代农业创业投资引导基金在退出时也应充分考虑到这一点，突出投向现代农业的好处。所以对创业投资基金中政府退出的时间、方式等要做出有利于创业投资和农业创业企业的规定。从而，产生更大的示范作用。

（四）政策支持机制

农业是国民经济的一个产业部门、一个增长极，由于农业固有的弱质性、正外部性及资本天然逐利性，现代农业领域要想拥有一个合适的投资氛围，必须实施一些政策规定，吸引产业内外资金、技术和人才等要素流入并保留在现代农业领域进行产业开发，并迅速带动经济增长。现代农业创业投资的健康发展离不开政府的支持，为创业投资创造一个良好的外部环境是政府促进创业投资发展的职责所在，政府主要起引导与扶持作用，主要功能是通过制定一系列政策为现代农业创业投资的发展营造良好的金融环境、政策环境、人才环境、法律法规环境等。

设立现代农业创业投资引导基金政策性目标明确，由中央、地方财政参股，引入社会资本共同设立，明确财政资金不控股，实行专业化团队管理，突出为农业创业企业发展提供有效的增值服务，强调投资者与企业“共同成长”。现代农业创业投资引导基金相对于创业投资行业来说，具有鲜明的引导性、巨大的带动性。在国家政策的引导和支持下，该产业获得发展和积累，进而可取消优惠政策，走出“政策依赖”，实现转型升级，从而探索出一条新的、更好的发展之路。

如自 1985 年中央财经领导小组和国务院提出“在具备一定条件的技术开发区，设立风险投资作为发展新兴产业的一项政策措施，支持相对集中的新兴技术小企业群的发展，形成具有生命力的新技术产业”以来，我国相继出台了多部新兴产业创业投资政策。2009 年国家发展改革委、财政部发《关于实施新兴产业创投计划、开展产业技术研究与开发资金参股设立创业投资基金试点工作的通知》在全国开展新兴产业创业投资基金工作以来，全国各省市已经成立上百只各行业创业投资基金。2011 年 11 月，国家财政部、国家发展改革委员会下发《新兴产业创投计划参股创业投资基金管理暂行办法》，进一步规范和指导各省市开展新兴产业创业投资计划参股创业投资基金工作。通过几年的实践探索，我国新兴产业创业投资市场规模快速增长，专业管理团队参与积极性较高，除提供资金支持外，提供的增值服务水平逐步提高，支撑环境不断改善，社会认同度得到较大提高，带动了一大批企业的快速成长；作为我国第一个创业投资试点城市，深圳的创业投资体制机制得到完善，发展迅猛，创业投资中心建设初具规模。其构建了创业投资的法规体系，推动了创投业规范有序发展。先后出台了《深圳市创业资本投资高新技术产业暂行规定》和《深圳经济特区创业投资条例》《关于促进股权投资基金业发展的若干规定》《关于进一步支持股权投资基金业发展有关事项的通知》等法规。《深圳市创业资本投资高新技术产业暂行规定》是国内首个关于创业投资的地方性规章，《深圳经济特区创业投资条例》是国内第一部规范和鼓励创业投资发展的地方性法规。

由此，应建立高效的工作机制，包括领导高度重视，有关部门协调配合。创业投资基金在我国尚处于初级发展阶段，有的省份还是新生事物，这就需要国家、各省（市、地区）高度重视、各部门紧密合作，协调发起设立现代农业创业投资引导基金，有效贯彻市场化和政策性引导，为现代农业创业投资引导基金的起步、运行起推动作用，切实开展管理工作；国家应针对现代农业创业投资、现代农业创业投资引导基金制定管理办法，地方应建立配套的管理机制，制定具体的实施细则，明确政府有关部门、财政资金受托管理机构等各方的职能权责，建立健全在基金申报与尽职调查、日常监督、财务监督、项目合规性审查、创业投资基金投资退出、创业投资长远滚动发展、综合评价分析等工作机制，促进现代农业创业投资的可持续发展；建立风险补偿机制。政府资金目标与社会资本盈利目标不一致，在具体的项目领域、退出时机和方式等选择上都会存在不同的利益诉求。现代农业创业投资引导基金设立的目的是引导社会资本投向现代农业，现代农业又具有高风险的特点，需充分考虑到现代农业创业投资引导基金的风险补偿机制，提高政府对现代农业创业投资的风险分担力度，否则会出现社会资金投资动力不足、参与积极性不高的现象。

（五）监管评价机制

创业投资的特点是引入市场机制，而政府引导基金是创业投资与政府投资的结合，是“市场”与“政府”的结合。现代农业创业投资引导基金强调市场化运作，但能否实现引导基金中引导社会资本投向现代农业领域，需要发挥政府的“有形的手”的监管评价职责，从而利用政府“有形的手”弥补市场“无形的手”的市场失灵。现代农业创业投资引导基金中政府的监管评价机制主要表现在政府引导基金不参与所支持的创业投资机构的具体投资决策，也不直接与创业企业发生联系，而是仅从制度上监督合作的创业投资机构在现代农业领域内优选投资项目并对其效果进行评价。强调的是合作的创业投资机构投在现代农业领域、投在现代农业领域中的有发展潜力、有前途、对整个农业产业领域有带动作用的企业以及对投资后的效果进行总结评价。因此，既不能将政府引导基金的投资决策权过于集中，过于集中可能导致寻租行为的发生，决策权也不能过于分散，过于分散会导致互相推诿、责任不明的现象。

在市场主导资源配置条件下，创业投资的价值投资特征将会更加明显。对于现代农业创业投资引导基金来说，必然面临政策性强、投资风险加大、投资周期延长等问题，难以适用一般的财务管理约束制度，但创业投资引导基金中政府资金投入规模较大，应建立完善的政府资金绩效评估体系，加强风险控制，在一定程度上确保政府资金的“安全性”。通过政府、行业自律组织和中介机构，以法律监管为主，对创业投资企业、接受创业投资的创业企业、产权交易和技术交易市场、提供服务的中介机构以及其他创业投资参与者的行为实施监督；规范、合理、灵活开展项目审查工作，建立年度投资审核目标，有效充当政府政策目标和产业引导的延伸手臂；注重财政资金受托管理机构的作用，及时掌握现代农业创业投资引导基金计划实施情况，畅通信息往来，加强对基金运营的管理和监督。通过管理机构进一步完善监管机制，建立健全中期评价、退出后评价及跟踪回馈机制，建立健全各机构间交流合作平台和创业投资文化，专业化研究本土现代农业创业投资基金运行环境，积极推动创业投资基金工作和投融资环境协调发展，形成政府推动经济、科技等跨越式发展的有力推手。

第六章

现代农业创业投资引导基金的支持政策设计

现代农业发展面临的资金短缺问题仅仅靠国家财政、信贷等传统融资渠道不能有效解决，创业投资是解决这一问题的有效途径。现代农业创业投资具有保障国家粮食安全的战略作用及正外部性，但是又具有委托代理关系较复杂、主体各方利益差异较大、参与主体素质较低、面临的风险较大等特点，为促进创业投资投向现代农业、现代农业更好地利用创业投资，需要政策支持，应建立和完善有利于现代农业创业投资引导基金发展的支持政策。现代农业创业投资引导基金通过发挥政府资金的资金放大效应、资源配置效应和评价监管效应，能够有效地解决市场失灵和政府失灵问题，有利于保障农业的基础地位、激发现代农业发展的内生动力和活力。

创业投资投向现代农业需要政策支持。在构建的现代农业创业投资引导基金梭形投融资机制基础上，分析现代农业创业投资运作过程中各个环节的政策需求，包括对接机制、运行机制、退出机制等。在此基础上，结合对现代农业发展及创业投资有较大影响的农业科技推广、户籍制度改革和农业园区建设等相关政策作用效果，提出以国家设立现代农业创业投资引导基金为主导的覆盖现代农业创业投资整个运作过程的支持政策设计。

一、建立和完善现代农业创业投资引导基金政策

国家出台了一些鼓励现代农业投资、创业投资和创业投资引导基金的政策，但创业投资、创业投资引导基金主要集中在新兴产业领域，专门针对农业的创业投资、创业投资引导基金较少。2012 年 12 月，中国农业产业发展基金正式成立，是我国第一只国家级农业产业基金，首期规模 40 亿元。到 2014 年 1 月，仅完成对 9 个农业产业化龙头企业的投资，金额为 14.17 亿元。可见，我国现代农业创业投资引导基金数量和规模均较少，有待进一步发展。

现代农业创业投资引导基金是“政府” + “市场”共同调节资源配置。因此，一方面，要明确市场化运作在现代农业创业投资引导基金中的主导地位；另一方面，由于现代农业创业投资的特点以及现代农业发展的重要性，要充分发挥政府“有形的手”的作用推动现代农业创业投资引导基金的顺利进行，这就要建立和完善覆盖现代农业创业投资引导基金整个运作过程的支持政策设计。

（一）有利于现代农业创业投资引导基金对接的政策设计

1. 促进现代农业发展方面

出台从农业产业培育、成果转化、科技奖励、研发机构建设、人才引进与培养、品牌建设等方面“一揽子”政策措施加以政策引导，形成立体化、全方位覆盖现代农业产业整个运行过程的完善的政策扶持体系。

（1）强化顶层设计，提升农业产业整体影响力和知名度。

立足当前，着眼长远，加强顶层设计，明确现代农业发展的总体思路、目标，始终保持基调不变、目标不变、信心不变。制定发展现代农业的短期和中长期规划，使之循序渐进、有条不紊地进行。进一步细化

发展现代农业的政策和制度设计，宣传农业产业发展的新定位、新思路、新方向，探讨新形势下农业产业转型发展路径，举办中国农业高峰论坛，向社会发布农业产业发展正面清单、重点规划项目，打响农业产业转型发展品牌；会同新闻、报纸、杂志等新闻媒体，对农业产业创新开展持续跟踪报道，进一步扩大影响，凝聚全国上下支持“现代农业”发展的思想共识；成立农业企业服务中心。为深入实施现代农业发展战略，促进农业产业健康持续发展，创新服务企业新机制，探索服务企业新模式，成立农业企业服务中心。着力为企业在项目报批、工程建设、生产经营等环节提供“一站式”、全过程高效便捷服务，全力优化企业发展环境。

（2）加快农业企业科技孵化体系建设。

统筹用好各类创新平台，高水平规划建设中试平台和中试基地，构筑政府、企业、研发平台、中试、科研机构等多层次全要素创新创业孵化加速体系；投资设立农业产业综合孵化器、专业孵化器、海外孵化器、产业孵化器和加速器，引导农业创业企业入驻；提供公共技术服务平台，为企业提供检测服务。

（3）抓好创新驱动，推动农业创新平台建设。

深化产学研合作，与国内外高校联合共建研究院、技术推广与设备生产中心、国际合作平台，推进农业产业产品设计研发、关键技术，着力培育在行业内有影响力的创新型农业领军企业；根据农业产业转型升级的需求，以各类科技平台为载体，大力开拓国际国内技术和人才市场，着力引进一批掌握核心技术、引领产业发展的创新团队和高级管理人才、高端专业人才；积极推进人才管理改革建设，建立人才综合服务平台，创新线上线下人才跟踪服务方式，大力引进培育农业产业发展的领军人才；召开农业创新创业大赛，营造大众创业、万众创新的浓厚氛围；优化创新发展软环境，对于国内外顶尖农业创新创业团队，“一事一议”给予支持，给予资金等方面资助。

（4）充分发挥农业企业创新主体作用。

充分发挥农业企业创新主体作用，鼓励企业加大研发投入，与国内外高校院所共建研究院、技术转移中心、研发中心，协同开展合作研发、中试及产业化应用推广，加速科技成果产业化，使农业企业真正成为产学研合作、创新投入、科技研发、成果转化应用的主导者和受益者。

（5）加快信息共享平台建设。

紧紧围绕现代农业产业发展方向，加强对研究开发活动及科技成果转化活动等信息的整合，设立可以共享的数据库或信息网，提供有效沟通的平台。在国家级现代农业创业投资引导基金的具体运作中，与地方政府紧密合作，建立各地备选投资农业项目库，根据各地的备选投资项目数量及现代农业发展现状及前景，来确定在参股子资金投资比例要求。

（6）培育壮大农业企业群体。

实施农业龙头企业培育发展计划，统筹配置土地、金融、财税、人才以及环境容量和能耗空间等要素资源，鼓励引导企业并购重组、资本运作，做大、做强、做优一批核心竞争力强、规模与品牌优势突出的领军型农业大企业、大集团。同时，抓好农业企业家队伍建设，扎实推进农业企业家培训，打造一批具有国际视野和战略眼光的精英企业家队伍。

2. 促进创业投资行业发展方面

调整资本来源结构。引导社会资金进入创业投资行业，提高创业投资中民间资本的比重，适当降低政府资金的比重，扩大社会融资窗口；提供诸如创业投资方面的教育、信息、培训等技术援助，提升创业投资企业项目管理能力；适当放宽对各类投资机构关于创业投资的资格限制，如允许保险公司、商业银行、社会养老基金、证券公司等投资者进行创业投资，多渠道多途径的增加创业投资资金来源：引导个人、家族及捐赠资金进入风险投资。随着经济的快速成长，已有相当数量的个人与家族拥有较多资金积累。政府应有效地鼓励与引导这些个人或企业资金进入风险投资领域，发挥他们在资本市场的影响力，扩大风险企业融资范围。引导这些闲散资金进入创业风险投资领域，不但可以有效运用社会资本，对于抑制房地产或不正常股市的操作也将有一定的帮助；放宽外资进入中国创业风险投资产业投资的门槛。改革开放以来，中国成功引进外资，外资的进入不但能够带来资本，通过技术扩散等效应也能带来附加的技术、信息等非资本服务，极大地促进了经济发展。由此，应降低外资进入中国创业投资行业的门槛，扩大中国创业风险投资的资金来源结构中外资所占比重。

加强宣传，增进对创业投资、政府创业投资引导基金的认识。利用报纸、广播、电视、网络等媒体，解释、解读创业投资、政府创业投资引导基金的运作过程等方面知识，合理引导投资者、创业投资企业和创业企业的预期，为投资者投资、创业投资企业融资、创业企业与创业投资的对接营造良好的社会环境。善于运用典型事例，通过对典型事例的分析讲解，增加宣传发动的实效，形成“一传十，十传百”的倍增效应。

人才培养。创业投资行业对员工的企业管理、投资咨询、财务管理等知识要求高，尤其是对管理层的综合能力要求较高，需要具备完善的知识结构和行业背景。积极引进创业投资人才，引进一批有行业影响力、熟悉创业投资规则、学科背景深厚的经济、科技、管理等人才和团队，充分学习国内外创业投资领域先进的管理经验和专业化运作模式。加快创业投资人才培养，坚持产学研结合，采用国内培养与国外引进相结合的方式，扩大和充实我国创业投资人才。在大学等科研机构开设相关专业、课程自主培养，通过制定有效的激励机制、优惠政策等吸引国外高水平创业投资人才。

3. 积极帮助优秀农业项目和创业投资的对接

通过搭建沟通平台，促进资本和资源的有效对接和经济与科技的深度融合。政府掌握着大量的信息资源，有效利用这些资源，通过提供信息服务可以推动现代农业与创业投资的对接，也是实现从管理型政府向服务型政府转变的要求。

一是将创业投资基金和现代农业企业有效连接起来，定期或不定期推动各区域优秀创业投资机构、发达和欠发达省市形成交流和良性互动，加快社会对创业投资的认识及培育；二是促进创业投资企业和交流，遴选一批具有潜力的现代农业企业项目，选取优秀的项目推荐给创业投资企业，创业投资企业也积极推荐拟投企业申报国家、省市有关专项支持，形成专项项目与投资基金之间良好互动；三是组织综合性论坛，为更广泛的投资和项目的“对接”提供平台。如组建现代农业价值投资峰会暨项目招商推介会，通过全面介绍现代农业发展格局、重大项目、重点企业以及相关政策，向国内外投资基金和企业推介现代农业产业的潜力和优势，积极吸引更多对现代农业感兴趣的投资商。探索实行委托对接，利用互联网、大数据平台，加大网上对接力度，降低两者的信息不对称程度。

（二）有利于现代农业创业投资引导基金运行的政策设计

1. 深化行政审批制度改革，提高办事效率

把“一切为了农业、一切方便农业”作为项目审批的根本宗旨，在促进政府管理职能转变，减少行政审批事项，创新行政审批机制的基础上，实行“一口受理，多局办理，平行审批”的办法，积极创造和提供更多高效便捷的服务；如预审。农业项目意向业主向创业投资管理办公室提供项目简介，由创业投资管理办公室根据分类，将不符合产业发展的项目筛选出来；初审。预审通过的项目，由各预审部门牵头为项目立项审核，对接其他部门，开展企业事务代办，为企业做好服务。初审过程中，可召开联席会议，加强各相关部门之间的沟通协作，防止信息不对称，企业需要一事多头汇报情况的发生，部门部分手续同时进行，加快立项审批进度。

2. 加大对现代农业创业投资参与者的财税等支持力度

税收激励作为促进创业投资产业发展的政策手段，得到了广泛应

用。实行税收优惠政策主要目的在于，促进创业投资行业的发展以及引导创业投资投向现代农业。我国改革已进入攻坚时期，金融、财税领域深化改革全面推进，将更好地发挥市场在资源配置中的决定性作用。这些改革有利于降低现代农业创业投资相关企业运营成本，拓展退出渠道，提高企业盈利水平，为现代农业创业投资发展提供有利契机。

应借鉴外国经验，采用免税、减税、延期纳税等多种税收优惠形式，加大对现代农业创业投资相关的税收优惠力度，降低税收优惠门槛。将税收优惠政策覆盖整个现代农业创业投资筹资、投资、资后管理和退出四个环节的运作过程，从而可以扩大创业投资资金来源、降低投资成本、培育创业投资管理人才和开拓创业投资退出渠道；免征或减征资本利得税，吸引更多的社会资本流入农业领域。为了鼓励创业投资投向现代农业领域，政府可对创业投资从该领域获得的收入提供更加优惠的税收政策。综合运用贷款贴息、财政补贴、偿还性资助等多种方式，加大财政资金支持力度。

3. 完善法律和政策支持，引导社会资金投入现代农业

政府可通过出台有利于扩大创业投资融资渠道、退出渠道的法律和政策来促进和保障创业投资行业投入农业领域。如 1979 年，美国劳工部对雇员退休收入保障法案中相关规则的重新解释，使养老基金进入创业投资的资金来源有了法律保障，较大促进了美国创业投资行业的发展。就中国来说，目前能够进入创业投资产业投资的门槛还较高，养老基金、保险基金等尚不能进入我国创业投资行业，而这些资金在西方国家是创业投资资金的重要来源。为扩大和保证创业投资行业有稳定、充足的资金供给来源，充分发挥创业投资为创业企业提供资本和非资本增值服务的作用，中国政府应适度放宽、修改、调整和制定相关法律规定，比如针对《商业银行法》一种可能较妥当的方法是商业银行与其他公司、机构共同发起设立风险投资基金或者在政府担保的前提下对农业领域的项目进行信贷融资。

4. 实行“政府+公司”运作模式

深化投融资领域改革，创新财政支持经济发展的方式，不断优化融资环境。成立政府投资控股有限公司、政府农业产业创业投资有限公司，设立股权引导基金和产业引导基金，形成融资、开发、建设、经营一体化服务体系，健全、完善、加快现代农业创业投资发展的体制机制；认真研究国家金融政策，采取银行贷款和PPP等社会融资形式，除了用于投向促进现代农业发展的基础设施项目，还用于作为“母资金”引导社会资本投向现代农业，为发展壮大农业企业提供资金保障。

（三）有利于现代农业创业投资引导基金退出的政策设计

相对来说，农业从业人员素质较低，高学历、高技术专业人才较为短缺。农业企业管理人才缺乏，不少企业管理人员文化程度不高，管理方式粗放。由于小农意识仍然存在，许多企业仍采用家族式管理模式，决策和经营管理的随意性和盲目性较大，缺乏战略思维和全局眼光，品牌意识薄弱，信息捕捉和市场驾驭能力低，创新观念不强，阻碍了企业的发展。企业主偏重信任自己家族的员工，不管其能力的高低，都将其放在关键岗位上，这种家族式管理和唯亲是用的用人机制，严重地阻碍了企业素质的提高。由于用人、选人上局限于家庭圈子，当出现利益冲突时，制定的规章制度无法实施，在遇到人力资源短缺时，造成无人可用的境地。就这一点而言，农业企业“很难接受”政府引导基金扶持企业做强做大、上市后即退出的作用，由此，应创新现代农业创业投资引导基金的退出方式，设计适合“小农特点”的“保守退出”方式，体现“不与其争权、不影响其权力”的理念。

（四）有利于现代农业创业投资引导基金监管评价的政策设计

1. 防止寻租行为

要防止合作创业投资企业、创业企业对决策者行贿受贿，从而决策者利用职权将政府资金分配给非优合作创业投资机构，或强制合作创业投资企业资金投向关系创业企业。无论哪一种，都会影响政府引导基金通过“引导”和“放大”效应发挥带动现代农业产业发展的杠杆作用。由此，创业投资的财政基金应委托第三方受托管理机构进行管理。创业投资基金工作的核心是募集、投资、管理和退出。财政出资受托管理机构工作的核心和重点就是管理好政府资金和实现政策引导目标。由此，在创业投资基金设立之前，第三方受托机构可以参与创业投资基金设立前期工作，向国家财政受托管理机构国投高科学习、探讨创业投资基金规范设立和有效引导功能、有效履行财政资金股东权责、开展备投项目合规性审查等工作，为创业投资基金各项工作的有序开展提供保障和服务。

2. 明确工作责任

与其他产业相比，农业是“弱质性”产业，具有投资周期长、见效慢、风险大的特点，“不利于”产生政府政绩。为此，应明确工作责任。承担现代农业创业投资引导基金的各部门要按照现代农业发展的要求和统一部署，吃透文件精神、明确指标要求、强化部门“一把手”责任，统筹规划、扎实推进，结合本部门承担的考核任务实际进行探索、制定具体措施，认真做好对接工作，具体人员、时间进度做到职责明确、目标明确、措施明确，并按职责分工抓好各项工作的落实。

3. 完善风险控制

风险的主要来源在于信息不对称，降低风险的有效办法是强化参与主体之间的信息交流，降低信息完全性和信息对称性。成立创业风险投资协会，以创业投资协会为平台，组织开展各类活动，加强创业投资行业自律；建立创业投资基金从业人员相关档案，包括经营、诚信等情况，并引导行业协会、中介机构等参与资本市场诚信体系建设，且能够为市场和社会提供诚信信息公开查询服务；将基金管理人报酬与经营业绩直接挂钩，充分发挥基金受托管理机构的职能，加强对备投项目的风险评估，及时将有关信息与基金管理机构进行反馈，保障创业投资基金在政府的引导下，按市场化运作，确保财政资金的安全高效运行。

4. 制定合理的目标体系和考核方式，建立完善的考核机制

建立现代农业创业投资引导基金绩效考核制度和评价体系。需要注意的是，由于现代农业发展具有投资强度大、投资周期长和收益回报慢等特点，这不利于政府“政绩”，由此，对现代农业创业投资引导基金的考核不能只关注其带来的经济效益，这不利于现代农业创业投资引导基金的发展。应充分考虑到现代农业发展的弱质性与正外部性，设定相应的社会效益指标进行综合考评，从而体现创业投资引导基金的“引导”作用，而不只是资本带来的“利润”“保值增值”，调动现代农业创业投资引导基金的积极性。如设置反映现代农业创业投资引导基金经济效益的指标：创业投资引导基金的回报率、成本费用率、收益率等分别衡量现代农业创业投资引导基金的盈利水平、运营效率和投资风险等；反映现代农业创业投资引导基金社会效益的指标：被投创业企业效益、带动社会就业水平、保障国家粮食安全、食品安全等。

5. 注重评价结果运用

坚持问题导向，注重加强对现代农业创业投资引导基金考核结果的综合研判，把结果运用的着力点放在发现问题、解决问题、推动现代农业发展的工作上。对出台的现代农业创业投资引导基金相关政策贯彻执行情况进行调研，了解缺乏哪些政策、哪些政策力度不够、哪些政策不符合实际等，不断完善现代农业创业投资引导基金政策。此外，也要依托引导基金受托管理机构分阶段逐步建立现代农业创业投资相关各方考核激励机制。同时要注重结果运用，对于相关管理机构管理人员、社会主要出资人、企业等，制定奖惩机制，既激励现代农业创业投资引导基金的发展，又促进现代农业建设。

6. 运用行政手段倒逼农业企业转型升级

综合运用安全生产、环境治理等手段，通过环保、税收等杠杆倒逼农业企业转型升级，实现农业行业转型升级，“腾笼换鸟，凤凰涅槃”。

二、有利于现代农业创业投资引导基金发展的保障政策

（一）完善农业科技推广政策

由调查结果可知，多数农民都遇到过灾害，对种子、化肥和农药，农民有最基本的了解。农民遇到灾害、遇虫灾、遇到家畜（禽）瘟疫采取靠等闲、听天由命的较少，多数农民会采取措施应对，这表明农民乐于接受知识应对灾害，农民对农业知识存在需求。可见，目前农民的农业知识仍很匮乏、有获取农业知识的需求，需要进一步拓宽获取农业知识的渠道，农业科技推广能够而且应该成为拓宽农民获取农业知识的有效渠道，增加农业科技含量，促进价值增值，从而增加农业对外部资本的吸引力。

1. 有效发挥屯邻的技术扩散效应

作答的农户中有64.04%依赖于屯邻解决农业问题以及选种、选化肥、选农药时依靠屯邻帮忙的比重来看，屯邻能够成为技术扩散、技术推广的重要载体，应充分发挥屯邻的技术扩散效应。正如相征、吴石磊、赵鑫（2013）提到的促进生产者间的信息扩散、降低生产者之间

及生产者和销售者之间的交易成本，从而推动城市化对经济增长的促进作用。

2. 加强农业科技队伍建设

农技站的供给规模有待进一步扩大、农技站对农户的影响有待进一步加强，农技站尚未成为农民面临农业问题时的有效的求助对象。农技站在编制问题上有待改善，要建立有效的聘用机制，优先录取对口专业人员，尽可能杜绝“下派”问题，并且要建立有效的监督评价机制，将推广效果与收入挂钩，充分调动推广人员的积极性；此外，农业科技人员需要不断强化自身知识建设，重要的是要切实可行，与农民的需要挂钩，要突出强调实际应用价值；农业科技推广本身具有公共品性质，这就需要政府发挥重要作用，要从人力、物力、财力方面加大对农业科技推广的投入力度、保证农业科技推广投入，使农业科技推广人员有时间、有精力和有动力从事农业科技推广活动。

由此，农业科技推广不但要在规模上有所扩大，效果上也有待进一步加强，而这归根结底取决于农业科技推广人才、农业人才的数量保证和质量支持。

结合我国实际，应采取有效措施培养和强化农业推广人才、农业人才，而农林高校毕业生能够为农业科技推广、农业发展亟须的人力资本提供数量支持和质量保证，这是由目前高校毕业生的就业形势以及农林高校毕业生自身的优势所决定的。由于农林院校的大部分生源都是来自农村，他们了解农村、熟悉农村、对农业、农村、农民有着更加朴素的感情，在思想观念上更切合实际。农林院校相对来说，在课程设置上注重与农村实际问题相结合，像农村经济、农林经济管理、农业机械化制造、农田水利工程等这些课程的开设扎实了农林院校毕业生的专业基础，从而农林高校毕业生从事农业相关领域工作具有年龄优势、学历优势和信息优势。可见，农林高校毕业生能够为农业科技推广人才、农业发展人才提供质量上的支持。

但同时也应看到，目前中国农业的高层次人才需求与高校毕业生流向农业的人才供给之间的矛盾日趋凸显。一方面，农业亟须高层次人才来大力发展科技、突破资源环境约束，确保国家粮食安全，推进现代农业和可持续农业的发展。另一方面，流向农业的高校毕业生数量上存在严重不足、质量上有待提高，且比例越来越少，特别表现在：高等院校农业相关专业面临着数量逐渐缩减、招生规模日渐减少、生源质量日趋下降的困境，且农业相关专业毕业生学成后流向农村基层的数量和质量都在不断减少和降低，农村生源的毕业生流向农业的数量和质量也越来越少；尽管农林院校培养的学生进行了农业相关课程的学习，但缺乏专业素质教育，与社会需求、实践不匹配，专业设置及培养目标不能与社会需求、实践要求达到有效结合。可见，我国农业所需高层次人才的供给问题形势不容乐观。采取有效措施促使农林高校毕业生转化为农业科技推广人才、农业发展人才，不但能够解决大学生“就业难”问题，而且能够解决“农业人才短缺”问题，对于提高农业科技推广效果、提高科技在农业中的贡献率，具有重要的现实意义。要解决农业人力资本短缺这一关系到国计民生的重大问题，需要调动政府、高校以及社会各方面的力量，共同努力，营造一个农业人力资本充足供给的良好氛围。

政府一方面应推进“免费农林生”的激励政策，解决农林相关专业招生“冷”的问题，另一方面实施一些激励和约束机制，比如建立健全农业相关人员的就业安置政策调动农业人才的积极性、免费农林生入学前与学校签署合同，即毕业后要到农村基层或相关领域服务一定期限或更长时间，建立面向农业就业的长效机制，从而降低农业人才的流失，使高校毕业生“下得去、留得住”。

高校一方面应该下大力气，做好宣传，逐步引导高校毕业生流入农业领域，另一方面需要设置农业相关课程以及进行相应的教学改革，使高校毕业生具备相应的能力，使之毕业后能够有效流入农业，使高校毕业生“下得去、用得上、有发展”。

3. 加强宣传现代农业，扭转行业偏见

要发挥社会各方面的力量，比如媒体，要进行宣传教育，改变人们

“高地位、高水平”的就业观，改变人们对从事农业工作的偏见，使人们意识到高校毕业生“就业难”的现实状况、国家对农业的重视并逐渐加大投入以及现代农业发展较好地前景这一信号，使高校毕业生“下得去、干得好”。

通过各方面的努力，解决长期以来，我国农业所需高层次人才存在的“上不来、下不去、养不住”问题，使高校毕业生能够“下得去、留得住、用得上、干得好、有发展”，逐渐形成农业所需高层次人才的长效供给机制，共同解决高校毕业生“就业难”以及农业发展中的高层次人才短缺问题。

（二）进一步深化户籍制度改革

促进农业规模化和产业化经营，提高农业比较效益，增加农业吸引力，发展现代农业的重要一环就是顺利推进农业人口市民化。农村“三权”利益对农民进城落户影响很大。如何剥离附着在户口上的利益，探索农村事务管理权和农村财产经营权相分离的方式，打破农村行政权对财产经营权的垄断，让市民化的农民拿着集体股份，安心生活和工作在城市，更好地服务于城市，需要制定切实可行的措施。基于调查数据，了解户籍制度改革现状及效果。在此基础上，提出户籍制度改革促进现代农业发展应该：

1. 进一步强化城区经济就业容纳功能

农民会就户籍制度改革问题进行成本与收益评估，只有当农民认为进城落户带来的预期净收益大于不进城获得的净收益时才会希望进程落户。可见，提高农民进城落户意愿的关键在于：使农民进城后获得的收入超过在农村获得的各项收入，且进城后能够支付得起进城落户后的生活成本。要解决这个问题，就应给农民创造充分的就业机会，强化城区经济就业容纳功能，归根结底，在于发展地区经济。

2. 突出地区特色优势，增强城区吸引力

首先，要夯实城市的基础设施建设。一是改善城区的交通条件，完善交通体系。二是夯实城区的产业基础，大力发展农民就业容量大的第三产业、中小企业和劳动密集型产业；实现农民就业信息全国联网，为农民提供免费就业信息和政策咨询等。三是要加强城区市政基础设施和公共服务设施建设。

特别地，子女的教育是人们普遍关心的问题，让子女接受更好的教育也成为越来越多流动人口的强烈诉求。好的教育资源集中的城市，孩子升学的竞争优势是这些地方户籍含金量高的体现。如教育资源很受欢迎，应突出教育资源优势，增强城区吸引力。

3. 进一步简化手续，提高效率

户籍制度改革的根本目的是让农村人口享受到改革开放取得的成果，关键在于免除农村人口市民化的后顾之忧，比如来到城市后面临的住房问题、随迁子女教育和培训问题，这就要打破常规，为农村人口市民化各方面的保障提供“绿色通道”。如住房保障方面：应进一步加强沟通、协调，畅通保障性住房建设的“绿色”通道。就业培训方面：应适当减少就业培训机构所需材料及相关证明，弱化前期工作，注重后期培训效果，调动就业培训机构的积极性。

4. 要做好长远规划

随着城镇化进程的逐步推进以及户籍制度改革的逐步深入，将有越来越多的农村人口流向城市，而农村人口市民化这一过程不单是户口的变动，而是涉及住房、医疗、低保、救助、教育等各个方面，这就对教育、财政等部门提出更高要求。各部门应结合城镇化发展趋势，做好长远发展规划。此外，也要兼顾农村人口市民化带来的农村资源闲置、农村人口“空心化”问题。

5. 为农业转移人口社会权利提供制度保证

通过调研发现，农业转移人口的收入水平维持在3 000元左右，该工资仅能满足个人的基本生活需要。而且“维护劳动权益”“监督劳动合同的订立和履行”和“提供免费的就业信息与技能培训”是农业转移人口对政府的三大诉求。因此，政府首先，应根据具体情况制定指导性的农业转移人口工资标准，整顿农业转移人口工资过低的行业和企业，严厉杜绝违法压低农业转移人口工资的行为。同时，政府应该监督企业改善、改进劳动环境和生活环境，尤其是建筑、加工制造等行业，保障农业转移人口的待遇水平，严惩拖欠农民工资的不良行为。其次，应为农业转移人口构建安全的失业或生存保障体系。保障农业转移人口的社会权利，减少其失业风险。

6. 逐步打破城乡差别

实行户籍城乡一体后，应逐步打破城乡差别。斩断户籍与就业、教育、社会福利甚至被侵权后赔偿标准等问题的关联。使户籍登记回归其本色职能，即仅承担对辖区人口摸底统计的功能，而不再与社会各项福利挂钩。这样，原有城乡户籍差别被消除，对农村人口的歧视性政策彻底消除，实现医疗、养老、相关补助等公共服务城乡统筹。逐渐加快公共服务体系的统一均等化步伐，其主要目标就是通过建立城乡之间、地区之间和社会群体之间的合理化的公共服务共享体系，使得城乡公共服务体系得到进一步的优化。

7. 进一步加强户籍制度改革宣传力度

就宣传内容而言，进一步加大户籍制度改革的宣传力度，就是要促进户籍制度改革政策深入人心，要加强对农民融入城市的宣传引导。一是要让户籍制度改革政策家喻户晓，重点宣传户籍制度改革的重要意义、转户条件、优惠政策、利益保障等内容。二是宣传办理程序，让转户农民知道如何办理转户，到哪里办理转户，搭建政府与群众沟通的桥梁。三是要多渠道、多途径进行宣传。

（三）加快现代农业园区建设

1. 高标定位，进一步调整完善现代农业园区建设发展规划

按照“一张图规划、一盘棋建设、一体化发展”的理念，编制现代农业产业总体发展规划，确定产业功能定位和发展方向。在规划定位和项目支持过程中，致力于打造国际一流的农业产业。坚持“环保准入”的原则，不符合环保要求的项目一律不支持；坚持“闭合循环”的原则，不在农业产业链之内的项目一律不许进入园区。

2. 进一步突破土地“瓶颈”，实现园区规模经营

发展农业园区，土地规模经营是基础，土地合理流转是关键。一是研究制定国家、省、市、县各地农业园区发展用地规划。在发展空间和时间上必须结合该地区发展总体规划和经济战略规划，统筹安排，整体规划，为农业园区发展预留空间。二是结合现有的旧村改造工程，有效解决农业园区建设用地问题。将整理节约的部分农村建设用地指标重点向农业园区倾斜，同时土地管理部门应按照集体建设用地的政策上报园区建设用地项目，对于符合法律法规和土地利用规划的可优先提供土地。三是规范建立符合市场经济要求的农村土地流转机制。按照“依法、平等、自愿、有偿”原则，采取委托转包、反租倒包、土地置换和入股分红等形式，推动土地向农业园区集中，加大对农村土地流转引导力度。积极鼓励扶持有条件的地区建立农村土地流转服务中心，搞好信息发布、政策咨询、价格评估、合同签订、档案管理、纠纷调处等综合服务，破解土地流转难题。

3. 进一步加大招商引资力度，拓宽投融资渠道

积极引导社会、企业、个人对农业园区进行投资，吸引各种工商资

本入驻，扩大资金来源，进而为更多的工商资本投资现代农业做好表率。一是搭建宣传推介平台，加大招商引资力度。积极“走出去”，广泛“请进来”，内资外资一齐引，内商外商一齐招，举办农业成果展示交易会或投资说明会，做好项目招商活动，同时依托各类农业博览会、农产品交易会和投资贸易洽谈会，宣传农业优越的投资环境，形成“政府推动、市场运作、企业为主”的招商引资新格局。二是实行强强联合，增强市场竞争力。政府可通过有偿投资或参股方式予以适当的投资支持，形成企业与政府风险共担、利益共享的投资格局。三是创新农业园区贷款形式，鼓励金融机构向投资企业开展授信服务。建立农业园区担保基金机构，适当放宽信用贷款担保政策，扩大担保范围，实行多种抵押担保形式，满足融资需求。

4. 进一步科学规划，提高农业园区建设档次和水平

一是科学规划。从农业园区规划设计入手，策划好高标准的产业定位和功能定位，依托地域特色、产业基础、文化资源，借鉴工业园集中区的成功理念，集中连片成带发展，形成内容丰富、形式多样、特色鲜明的农业园区产业带和产业集群。二是突出科技特色，强化品牌示范。创建园区必须建立在高新技术推广应用上，广泛应用生物技术、信息技术、绿色技术，采用新材料、新设施、新科技，提升农业园区建设档次，生产提供科技含量高的产品和服务，进一步突出特色创新，打造一批品牌知名度高的农业项目。三是因地制宜，发挥优势。根据不同区域实际情况，发展功能定位各不相同的特色农业园区。如市区发展都市农业长廊、花卉苗木园等生态景观型园区。近郊区发展市民农园、农业公园等观光体验型园区。远郊区发展科技示范园、农产品种植基地等生产加工型园区。

5. 进一步完善配套政策措施，吸引资本进入农业领域

建立和完善一套适合农业园区发展的政策体制，为投资商进行农业投资创造一个良好的发展平台。一是建立和完善支持农业园区发展的相关优惠政策，在财政扶持、资金引导、税费减免等方面给予倾斜，引导工商资本投资农业园区，做大做强现代农业。二是积极扶持搭建农业园区特色产品展示平台，为农业园区展示推介、招商引资、订货洽谈、农产品配送等提供载体。三是制定相关的法律法规或管理办法，为农业园区提供法律支持，协调解决农业园区发展过程中遇到的各种问题，进一步推动农业园区的健康发展和规范运作。

结　论

农业发展关系国计民生，同时又是国民经济的一个产业部门，因此农业发展既需要充分发挥市场的资源配置效应，又需要政府干预。资金短缺是制约现代农业发展的重要“瓶颈”，对这一问题的解决仅仅靠国家财政、信贷等传统融资渠道是不行的，要有新的思路。创业投资是投资者以集合投资方式设立基金，委托创业投资管理机构向不成熟的、具有高成长性和市场竞争力的企业（项目）提供股权资本，并为其提供经营管理服务，待企业成熟后，通过股权转让等方式获得资本增值的一种特殊投融资方式。创业投资引导基金是由政府设立并按市场化模式运作的政策性基金，主要通过发挥政府资金的“杠杆”作用，引导社会资金进入创业投资领域。有关现代农业投资和创业投资的研究取得了一定成果，国家也出台了一些鼓励现代农业投资和创业投资发展的政策，但创业投资主要集中在新兴产业领域，研究农业创业投资的不多，相关研究也不够系统和深入，比如对创业投资进入现代农业后其逐利性本质而形成的现代农业外部性作用弱化、市场与政府的角色定位等现实问题缺少专门研究。

本书探讨创业投资与现代农业发展的对接机制，构建以国家设立现代农业创业投资引导基金为主导的梭形投融资机制并提出覆盖现代农业创业投资整个运作过程的支持政策，不但有利于丰富现有研究和实践，还将从根本上解释农业资金投入不足与社会资本闲置之间的矛盾，解决如何引导创业投资投向现代农业以及如何利用创业投资带动现代农业发展等现实问题，从而引导创业投资投向现代农业，既为创业投资寻找新的出路，也拓展农业融资渠道，解决资金短缺问题，推动现代农业发展。

第一，现代农业创业投资的投融资状况。首先，分析农业投资总体概况，并区分不同农业投资主体，包括国家财政农业支出、农户农业投资和资金需求状况、农业企业发展情况及行业对比；其次，分析创业投资的投融资状况，包括融资规模、融资结构、投资金额、投资行业等；最后，分析现代农业利用创业投资状况，包括投资金额、投资项目数、投资强度、投资阶段分布等。

研究表明：一是总体而言，农业投资不足，农业投资占社会总投资比重与其对国民经济的贡献不相称，农业投资占社会总投资的比重大大低于农业对 GDP 的贡献。农业基础设施建设、机械化水平发展速度慢、水平低，农业发展物质基础较弱。分不同农业投资主体来说，与农业对国民经济的贡献对比，支农支出占财政支出比重较小。农户的投资热情不高，农村居民家庭平均每人全年总支出中增加较多的是消费性支出、生产性支出少，且生产性支出中农业支出所占比重较大。特别地，购买生产性固定资产支出所占比重较小且有下降趋势。农户资金需求规模相对较小，主要是生活所需，农业生产所需资金较少且主要靠邻里、亲戚解决。农业上市企业数量少、发展水平低，有较大发展潜力。二是中国创业风险投资机构数和管理资本不断增加，呈现出“大规模、集团化、投资行业分布集中度高，主要是高风险高收益的高新技术产业”特点，但对其余行业、传统行业投资升温。三是现代农业创业投资状况：创业投资发展迅速并开始关注农业、农业创业投资的投资强度大、创业投资“逐步接受”现代农业，认为农业具有早期投资价值，值得进行长期投资。

第二，现代农业创业投资发展的预测。首先，基于产业关联测算未来现代农业发展的资金需求。测度中美两国农业中间投入率和中间需求率，并在此基础上，分析中美农业产业关联的差异及差异的原因，进而从产业关联视角测算现代农业发展的资金需求以及其对创业投资的接受意愿；其次，我国创业投资的资本来源以内资为主，且个人投资所占比重逐步提高。我国民间资本充足，且基于居民目标消费率的存在性及消费稳定性检验，结合中国居民消费保守的“消费文化”特点分析未来创业投资发展稳定的资金供给。

研究发现：一是通过中美之间农业中间投入率、中间需求率差异比较及差异分解，可以得出如下结论：与美国农业中间投入率相比，中国农业生产中种子、饲料、农用设备、机械、农用设施、农村金融以及其他支农服务等前期投入不足，特别是第三产业产品投入不足。1995～2011年，中国农业生产中间投入率始终在40%左右，变动较小。中美农业中间投入率存在较大差别的原因主要是国内产品中间投入差异，但近年来国外产品中间投入差异贡献度逐步增大。与美国农业中间需求率相比，中国农业生产产后阶段，加工、深加工不足，流通环节所占比重较大，且呈现出不断上涨态势。中美两国农业生产加工、深加工差距由1995年的24.28%下降到2011年的6.82%。中国农业生产流通环节所占比重较大，到2011年，这一比重达5.26%。由此，无论是从美国农业发展的经验来看，还是从中国的要素禀赋变动、农业自身发展来看，未来中国农业发展，特别是实现农业的现代化，需要强化产前及产后投入，进一步延伸产业链条，这就对农业资金投入水平提出较高要求。二是中国民间资本充足以及居民“消费不足、储蓄率高”的保守消费特点可以为创业投资提供稳定资金供给。以过度消费的欧美国家和消费不足的东亚国家48个国家和地区1978～2007年的面板数据为研究对象，根据单变量组间差异检验及回归分析确定居民消费的影响因素，利用居民消费的拟合值作为目标消费率的衡量指标之一，运用部分调整模型证明居民目标消费率的存在性，以及利用马尔科夫状态转移矩阵证明各个国家居民消费的稳定性。结果表明：居民消费存在目标消费率，并且由于国家内部的个体效应，各国居民消费长期来看具有稳定性。进一步地，运用部分调整模型进行实证分析，结果表明居民消费意愿在一定时期内相对稳定，并且居民实际消费率朝着消费意愿进行部分调整，调整速度平均为0.9，证明居民消费意愿的稳定性。中国居民消费始终表现出“消费不足”的特点，主要是受“儒家传统保守消费文化”的影响，而居民消费、消费意愿又具有长期稳定性，这样在较长的时间范围内，中国居民储蓄率仍较高，从而创业投资能够有较稳定的资金供给来源。由此，现代农业需要创业投资，创业投资也有稳定的资金来源。

第三，现代农业创业投资对接与政府引导理论研究。首先，从宏观、中观和微观三个层面分析发展现代农业的作用，结合现代农业发展和促进创业投资的对接机制，明确现代农业创业投资发展的可行性和必要性；其次，与其他创业投资项目相比，现代农业创业投资具有委托代理关系较复杂、主体各方利益差异大、参与主体素质较低、农业面临风险较大、投资周期长和收益回报慢等特点。在此基础上，运用市场失灵理论、投资理论以及农业经济学等相关理论分析政府促进和引导介入现代农业的依据。

研究表明：发展现代农业有助于确保新形势下国家粮食安全、改变农业增长方式促进产业增值和减少贫困；现代农业发展和创业投资的对接机制体现在，现代农业发展和吸引创业投资的资源节约效应、农业投资收益率提高效应、需求保障效应和农业的多功能效应以及创业投资具有的促进现代农业发展的资源优化配置效应。由此，现代农业需要创业投资，创业投资也可以投向现代农业；与其他创业投资项目相比，现代农业创业投资具有委托代理关系较复杂、主体各方利益差异较大、参与主体素质较低、面临的风险较大、投资周期长和收益回报慢的特点；农业的高投入和高风险使农业的比较利益明显低于其他产业，而资本天然具有向高收益行业集中的逐利性，单靠市场调节资源配置存在市场失灵问题。这些特点导致资金流入农业较难以及资金流入农业后留住资金也较难，造成创业投资和现代农业发展的对接矛盾，导致创业投资农业投向不足。此外，现代农业发展具有雇用创造贡献、市场贡献、要素贡献、资金贡献、外汇贡献和农业多功能性等正外部性以及农业生产带来环境污染的负外部性，这就需要充分发挥政府“有形的手”的作用来弥补市场这一“无形的手”的市场失灵，需要政府对现代农业创业投资进行引导、监管和评价。

第四，促进现代农业发展的相关政策梳理及效果分析。为鼓励现代农业投资，国家相关部门制定和实施了一系列政策。通过资料收集、实地调研、专家座谈、调查问卷、电话访谈等方式，选取对现代农业及创业投资发展有较大影响的农业科技推广政策、户籍制度改革政策和农业园区建设政策进行梳理并就其效果进行分析。这些政策有利于农业的科技化、规模化和产业化经营，提高农业收益率，增加现代农业发展对创业投资的吸引力，促进现代农业创业投资的发展。

研究结果表明：一是科技是农业发展突破资源环境约束、实现价值增值的必然选择，是加快现代农业建设的决定力量，而这关键在于农业科技推广。基于此角度，获得农民对农业知识的需求以及农业科技推广效果相关问题的第一手资料。研究发现农民对农业知识存在需求，但科技人员（农技站）对于农户抵御灾害、选种等其他生产资料所发挥的影响较小，并未发挥出农业科技推广应有的提高科技成果转化率、提高科技在农业中含量的作用，主要是因为农业科技推广人才不足、农业科技推广缺乏绩效评价、培训内容不实用、农业科技推广投入不足。二是城乡分割的二元户籍制度阻碍了农村剩余劳动力转移，不利于农业的规模化经营和机械化生产，农业资本收益率较低，不利于现代农业的发展以及创业投资的进入。户籍制度改革在一定程度上打破了户籍制度对农村剩余劳动力转移的限制，农村大量剩余劳动力转移出来，为现代农业发展的规模化经营创造条件、为现代农业发展拓宽市场空间和提供制度保证，增加了现代农业发展对创业投资的吸引力。但是户籍制度改革在促进现代农业发展过程中存在着农村户口仍附着较多利益，城市缺乏吸引力，农转非带来农村资源闲置和城市资源紧张的矛盾，对户籍制度改革的宣传力度不够等问题。三是农业园区建设具有工业园区所没有的比较优势，如能够较好地吸纳当地农村劳动力，环境污染少，缩小被占地农民与未被占地农民之间收入、生活方面的差距等，有较强的经济效益、生态效益和社会效益，为现代农业发展拓宽了新空间。但也存在着受土地政策限制，部分项目用地困难、投资资金持续力不足，外来资本投入明显偏少、部分投资项目“两高两低”等问题。

第五，现代农业创业投资引导基金的梭形投融资机制构建。根据现代农业和创业投资的特点，分析建立现代农业创业投资引导基金的影响效应。进一步地，根据现代农业创业投资五大行为主体投资者、创业投资机构、农业创业企业、农户和政府之间的委托代理关系以及信息不对称带来的道德风险和逆向选择问题，构建以对接机制、运行机制和退出机制为中心，以政策支持机制和监管评价机制为两翼的现代农业创业投资引导基金“梭形”投融资机制。

研究表明：为更好地促进创业投资与现代农业的对接，应设立现代农业创业投资引导基金，现代农业创业投资引导基金具有资金放大效应、资源配置效应和评价监管效应。进一步地，应构建以对接机制、运行机制和退出机制为中心，以政策支持机制和监管评价机制为两翼的有利于现代农业创业投资引导基金发展的“梭形”投融资机制。具体来说，创业投资与农业创业企业之间的对接机制：增加现代农业产业本身的吸引力和发展、增进创业投资行业的吸引力和发展、积极帮助优秀农业项目和创业投资的对接；运行机制主要体现为：现代农业创业投资引导基金通过让利等优惠条件，与民间资本建立合作关系投资现代农业。现代农业创业投资引导基金与合作创业投资机构签订协议，委托合作创业投资机构在现代农业领域内优选投资项目，并进行资后管理；政策支持机制体现为现代农业领域要想拥有一个合适的投资氛围，需建立覆盖农业产业整个运行过程的完善的政策扶持体系加以政策引导，吸引产业内外的资金、技术和人才等要素流入并保留在现代农业领域进行产业开发；政府的监管评价机制主要表现在政府引导基金不参与所支持的创业投资机构的具体投资决策，也不直接与创业企业发生联系，而是仅从制度上监督合作的创业投资机构在现代农业领域内优选投资项目并对其效果进行评价。

第六，现代农业创业投资引导基金的支持政策设计。创业投资投向现代农业需要政策支持。在构建的现代农业创业投资引导基金“梭形”投融资机制基础上，分析现代农业创业投资运作过程中各个环节的政策需求，包括对接机制、运行机制、退出机制等，提出覆盖现代农业创业投资引导基金整个运作过程的支持政策设计。进一步地，结合对现代农业和创业投资有较大影响的农业科技推广、户籍制度改革和农业园区建设等政策作用效果，提出有利于现代农业创业投资引导基金发展的相关保障政策设计。

研究表明：应积极推动现代农业创业投资引导基金发展，建立和完善覆盖整个运作过程的支持政策设计，包括：有利于现代农业创业投资引导基金对接的政策设计，体现在三个方面，强化顶层设计，提升农业产业整体影响力和知名度、加快农业企业科技孵化体系建设、抓好创新驱动，推动农业创新平台建设、充分发挥农业企业创新主体作用、加快信息共享平台建设、培育壮大农业企业群体等促进农业产业发展。调整资本来源结构、加强宣传，增进对创业投资、政府创业投资引导基金的认识、人才培养等促进创业投资行业的发展。为更广泛的投资和项目的“对接”提供硬件平台和软件平台，积极帮助优秀农业项目和创业投资的对接，促进资本和资源的有效对接和经济与科技的深度融合；有利于现代农业创业投资引导基金运行的政策设计：深化行政审批制度改革，提高办事效率、加大对农业创业投资参与者的税收优惠力度、完善法律和政策支持，引导社会资金投入现代农业、实行“政府+公司”运作模式；有利于现代农业创业投资引导基金发展的退出政策设计：创新现代农业创业投资引导基金的退出方式，设计适合“小农”的“保守退出”方式，体现“不与其争权、不影响其权力”的特点；监管评价的政策设计：防止寻租行为、明确工作责任、制定合理的目标体系和考核方式，建立完善的考核机制、注重评价结果运用、运用行政手段倒逼农业企业转型升级。

进一步地，建立和完善有利于现代农业创业投资引导基金发展的保障政策，包括有效发挥屯邻的技术扩散效应、加强农业科技队伍建设、加强宣传现代农业，扭转行业偏见等完善农业科技推广政策；强化城区经济就业容纳功能、突出地区特色优势，增强城区吸引力、进一步简化手续，提高效率、做好长远规划、为农业转移人口社会权利提供制度保证、大力发展和优化第三方培训，为农业转移人口市民化提供智力支持、进一步加强户籍制度改革宣传力度等促进和深化户籍制度改革政策；高标定位，调整完善现代农业园区建设发展规划、突破土地“瓶颈”，实现园区规模经营、加大招商引资力度，拓宽投融资渠道、进一步科学规划，提高农业园区建设档次和水平、进一步完善配套政策措施，吸引社会资本进入农业领域等加快现代农业园区建设政策。

附录

农户生产及资金需求调查问卷

本次问卷，是为了学校教师的科学研究而设计，不需填写姓名，只需根据实际情况和所需填写即可。回答问题时，请在选择的答案上打“√”，或直接填写答案。

您的真实回答，就是对我们的最大支持，非常感谢您的参与！

1. 您的性别？

A. 男　　B. 女

2. 您家居住在？

A. 城市　　B. 农村

3. 您的年龄？

A. 50 岁以上　　B. 40～50 岁　　C. 30～40 岁　　D. 30 岁以下

4. 您的文化水平？

A. 小学　　B. 初中　　C. 高中　　D. 大学及以上

5. 您现在工作？

A. 在家务农　　B. 在外务工　　C. 务工为主，闲时务农

6. 农业收入在您总收入中所占比重？

A. 0～30%　　B. 30%～50%　　C. 50%～70%　　D. 70% 以上

7. 您是种（养）植大户吗？

A. 是　　B. 不是

8. 村里有种（养）植大户吗？

A. 有，有　　家　　B. 没有

9. 您承包过土地吗？

A. 包过　　B. 没有

10. 您有土地出租给别人吗？

A. 有　　B. 没有

11. 您需要贷款吗？

A. 需要　　B. 不需要　　C. 没考虑过

12. 您需要________贷款？

13. 您贷款干什么用？

A. 生活所需　　B. 农业生产所需

14. 您若缺钱，会向谁借？

A. 邻居　　B. 亲戚　　C. 银行贷款　　D. 民间借贷

15. 您若缺钱，愿意向银行借钱吗？

A. 愿意　　B. 不愿意

16. 您觉得去银行贷款，有哪些缺点？可多选

A. 手续多　　B. 没抵押，不满足银行的要求

C. 利率高　　D. 嫌麻烦

17. 您向银行借过钱吗？

A. 没有　　B. 有

18. 您向民间借贷借过钱吗？

A. 没有　　B. 有

19. 您了解银行贷款吗？

A. 一点不了解　　B. 了解一点　　C. 了解　　D. 非常了解

20. 您对银行工作人员的满意度？

A. 非常满意　　B. 满意　　C. 一般　　D. 不满意

21. 村里有企业吗？

A. 有，有________家　　B. 没有

22. 村里有农业企业吗？

A. 有，有________家　　B. 没有

23. 您觉得农业中______方面需要加大资金投入？

24. 您觉得自己在农业生产中______方面最缺钱？

户籍制度改革调查问卷

本次问卷，是为了学校教师的科学研究而设计，不需填写姓名，只需根据实际情况和所需填写即可。回答问题时，请在选择的答案上打“√”，或直接填写答案。

您的真实回答，就是对我们的最大支持，非常感谢您的参与！

1. 您的性别？

A. 男　　B. 女

2. 年龄________。

3. 您的文化水平是？

A. 小学　　B. 初中　　C. 高中　　D. 大学及以上

4. 是农业户口、城镇户口还是居住证？

A. 农村户口　　B. 城镇户口　　C. 居住证

5. 您现在的工作是？

A. 在家务农　　B. 在外务工　　C. 学生

6. 您的月工资水平？

A. 1 000 元以下　　B. 1 000 ~ 2 000 元　　C. 2 000 ~ 3 000 元

D. 3 000 ~ 4 000 元　E. 4 000 元以上

7. 农村户口时月收入多少元？

A. 1 000 以下　　B. 1 000 ~ 2 000　　C. 2 000 ~ 3 000

D. 3 000 ~ 4 000　E. 4 000 以上

8. 农村户口时收入包括（　　），收入最多的是（　　　）。

A. 农业　　B. 出外打工　　C. 本地打工　　D. 创业

E. 社会保障

9. 您对户籍改革了解吗？

A. 知道，而且很清楚　　B. 听说过，但是不太了解

C. 没听说过

10. 你认为农转非后收入有明显增加吗？

A. 有　　B. 稍有　　C. 没有

11. 农转非后收入多少（　　）？

A. 1 000 元以下　　B. 1 000 ~2 000 元　　C. 2 000 ~3 000 元

D. 3 000 ~4 000 元　E. 4 000 元以上

12. 为什么要到城镇落户？

A. 子女能接受更好的教育　　B. 收入高　　C. 生活方便

D. 基础保障好

13. 您对户口迁入城镇之后孩子的学校满意程度？

A. 非常满意　　B. 满意　　C. 一般　　D. 不满意

14. 您认为户口农转非之后社会地位会不会有所提高？

A. 会　　B. 不会

15. 你认为农转非后消费和之前相比有明显增加吗？

A. 有　　B. 稍有　　C. 没有

16. 您农转非之后是踏实还是不踏实？

A. 踏实　　B. 不踏实

17. 居住证办理难易程度？

A. 很难　　B. 难　　C. 容易　　D. 很容易

18. 不愿意落户城镇的原因？

A. 拆迁补偿　　B. 不想失去土地　　C. 没用稳定工作

D. 不喜欢城市生活

19. 是否还享有土地承包权？

A. 享有　　B. 不享有

20. 如果还享有的话，您的土地是如何处理的？

A. 撂荒　　B. 转包　　C. 征用

21. 您是否有稳定工作？

A. 有　　B. 没有

22. 您有五险一金吗?

A. 有　　B. 没有

23. 您享受到了农村计划生育政策吗?

A. 有　　B. 没有

24. 你有养老和医疗保险吗?

A. 有　　B. 没有

如果有，您的养老医疗保险是农村养老医疗保险转换折算的?

A. 是　　B. 不是

25. 户籍制度改革对您的生活学习是否有影响?

A. 影响很大　　B. 有影响　　C. 基本没有影响　　D. 没影响

26. 您对户口迁入城镇之后的权利保障满意度?

A. 非常满意　　B. 满意　　C. 一般　　D. 不满意

27. 您在农转非过程中对工作人员的态度满意度?

A. 非常满意　　B. 满意　　C. 一般　　D. 不满意

28. 您对您接受的户口管理服务满意吗?

A. 满意　　B. 不满意

29. 您认为下面这些因素影响城镇化的重要程度? 请排序:

A. 收入会下降　　B. 住房成本　　C. 子女教育　　D. 社会地位

E. 心理上没有保障

30. 你认为下面措施有利于农转非的重要程度，请排序:

A. 增加收入　　B. 降低成本　　C. 增加社会认可度

农业园区建设调查问卷

本次问卷，是为了学校教师的科学研究而设计，不需填写姓名，只需根据实际情况和所需填写即可。回答问题时，请在选择的答案上打“√”，或直接填写答案。

您的真实回答，就是对我们的最大支持，非常感谢您的参与！

（居民）

1. 您认为本园区建设发展对您生活带来的便利程度如何？

A. 便利　　B. 比较便利　　C. 一般　　D. 不便利

2. 您生活在本园区的幸福指数如何？

A. 幸福　　B. 比较幸福　　C. 一般　　D. 不幸福

3. 您认为本园区产业结构是否合理？

A. 合理　　B. 比较合理　　C. 一般　　D. 不合理

4. 您认为本园区水、电、煤、气、交通、电讯等服务配套设施情况如何？

A. 配套完善　　B. 有较好的配套设施　　C. 配套设施一般

D. 配套不完善

5. 您认为本园区学校、医院、银行、市场、公交、休闲娱乐等社会事业建设的情况如何？

A. 好　　B. 较好　　C. 一般　　D. 不好

6. 您认为本园区企业对本区域内文化建设的贡献度如何？

A. 贡献度高　　B. 有一定贡献度　　C. 一般　　D. 没有贡献度

7. 您认为本园区内企业与本区域内居民关系如何？

A. 和谐　B. 较为和谐　C. 一般　D. 不和谐

8. 您认为本园区内居民在本经济开发区内企业的就业情况如何？

A. 高　B. 较高　C. 一般　D. 低

9. 本经济开发区就业人员的平均工资水平如何？

A. 5 000 元以上　B. 4 000 ~5 000 元　C. 3 000 ~4 000 元

D. 2 000 ~3 000 元

10. 您认为本园区企业的碳排放量情况如何？

A. 大　B. 较大　C. 一般　D. 小

11. 您认为本园区的企业排污情况如何？

A. 排污设施齐全，排污情况良好

B. 排污设施基本齐全，排污情况大体良好

C. 有基础排污设施，排污情况一般

D. 排污设施差，排污情况差

12. 您认为本园区企业对自然环境的影响主要在于？

A. 空气　B. 污水　C. 废物垃圾　D. 噪声

13. 您认为本园区企业的科技含量、创新能力如何？

A. 科技含量高，创新能力强　B. 科技含量较高，创新能力较强

C. 科技含量和创新能力一般　D. 科技含量低，创新能力差

14. 您认为本园区管委会的工作成效如何？

A. 工作成效显著　B. 有工作成效　C. 工作成效一般

D. 工作成效差

15. 您认为在本园区内居住的安全性（例如交通安全、生活安全等）如何？

A. 安全　B. 较为安全　C. 一般　D. 不安全

16. 您认为本园区居住环境是否达到生态宜居标准？

A. 完全达到　B. 基本达到　C. 有一定差距　D. 差距很大

17. 您认为本园区的建设发展态势如何？

A. 发展态势良好　B. 发展态势较好　C. 发展态势一般

D. 发展态势不好

18. 您在本园区今后的生活计划如何？

A. 看好本经济开发区，愿意继续在本区域生活

B. 没有长远打算

C. 不看好本园区，不愿意继续在本区域生活

D. 其他

您想对开发区管委会说的话：

您想对开发区内企业说的话：

（管委会）

1. 您认为本园区对本区县经济发展的贡献度如何？

A. 贡献度高　　B. 贡献度较高　　C. 贡献度一般

D. 贡献度低

2. 您认为本园区的政策环境如何？

A. 宽松　　B. 较为宽松　　C. 一般　　D. 严格

3. 您认为本园区现有产业结构是否合理？

A. 合理　　B. 较为合理　　C. 一般　　D. 不合理

4. 您认为本园区产业升级和结构优化能力如何？

A. 强　　B. 较强　　C. 一般　　D. 低

5. 您认为本园区企业的国际化和参与全球竞争能力如何？

A. 高　　B. 较高　　C. 一般　　D. 低

6. 您认为本园区的产业孵化能力如何？

A. 强　　B. 较强　　C. 一般　　D. 低

7. 您认为本园区内的产业聚集情况如何？

A. 密切　　B. 较为密切　　C. 一般　　D. 低

8. 您认为本园区招商引资的力度和成效如何？

A. 招商引资力度大，成效非常显著

B. 招商引资力度较大，成效较为显著

C. 招商引资力度和成效一般

D. 招商引资力度欠缺，成效不好

9. 近年来本园区招商引资投向高新技术产业的比例如何？

A. 高　B. 较高　C. 一般　D. 低

10. 您认为本园区水、电、煤、气、交通、电讯服务配套设施情况如何？

A. 配套完善　B. 有较好的配套设施　C. 配套设施一般

D. 配套不完善

11. 您认为本园区企业对本区域内文化建设的贡献度如何？

A. 贡献度高　B. 有一定贡献度　C. 一般　D. 没有贡献度

12. 您认为本园区内企业与本区域内居民关系如何？

A. 和谐　B. 较为和谐　C. 一般　D. 不和谐

13. 您认为本园区内居民在本经济开发区内企业的就业情况如何？

A. 高　B. 较高　C. 一般　D. 低

14. 本园区就业人员的平均工资水平如何？

A. 5 000 元以上　B. 4 000 ~ 5 000 元　C. 3 000 ~ 4 000 元

D. 2 000 ~ 3 000 元

15. 您认为本园区的企业排污情况如何？

A. 排污设施齐全，排污情况良好

B. 排污设施基本齐全，排污情况大体良好

C. 有基础排污设施，排污情况一般

D. 排污设施差，排污情况差

16. 您认为本园区企业的碳排放量情况如何？

A. 大　B. 较大　C. 一般　D. 小

17. 您认为本园区企业的科技含量、创新能力如何？

A. 科技含量高，创新能力强　B. 科技含量较高，创新能力较强

C. 科技含量和创新能力一般　D. 科技含量低，创新能力差

18. 您认为本园区的整体规划和长远规划如何？

A. 规划科学合理　B. 规划基本科学合理　C. 有一定规划

D. 没有规划

19. 您认为本经济开发区的建设发展态势如何？

A. 发展态势好　B. 发展态势较好　C. 发展态势一般

D. 发展态势不好

20. 您认为本园区建设发展最关键的因素是什么？

A. 政府管理理念　B. 企业创新能力　C. 财政支持力度

D. 园区科学规划

（企业）

1. 您认为本园区对本区县经济发展的贡献度如何？

A. 贡献度高　B. 贡献度较高　C. 贡献度一般

D. 贡献度低

2. 您认为本园区的政策环境如何？

A. 宽松　B. 较为宽松　C. 一般　D. 严格

3. 您认为本园区产业结构是否合理？

A. 合理　B. 较为合理　C. 一般　D. 不合理

4. 您认为本园区产业升级和结构优化能力如何？

A. 强　B. 较强　C. 一般　D. 低

5. 您认为本园区企业的国际化和参与全球竞争能力如何？

A. 高　B. 较高　C. 一般　D. 低

6. 您认为本经济开发区的产业孵化能力如何？

A. 强　B. 较强　C. 一般　D. 低

7. 您认为本园区内的产业聚集情况如何？

A. 密切　B. 较为密切　C. 一般　D. 低

8. 您认为本园区招商引资的力度和成效如何？

A. 招商引资力度大，成效非常显著

B. 招商引资力度较大，成效较为显著

C. 招商引资力度和成效一般

D. 招商引资力度欠缺，成效不好

9. 您认为本园区水、电、煤、气、交通、电讯等服务配套设施情况如何?

A. 配套完善　B. 有较好的配套设施　C. 配套设施一般

D. 配套不完善

10. 您认为本园区企业对本区域内文化建设的贡献度如何?

A. 贡献度高　B. 有一定贡献度　C. 一般　D. 没有贡献度

11. 您认为本园区内企业与本区域内居民关系如何?

A. 和谐　B. 较为和谐　C. 一般　D. 不和谐

12. 您认为本园区内居民在本经济开发区内企业的就业情况如何?

A. 高　B. 较高　C. 一般　D. 低

13. 您认为本园区就业人员的平均工资水平如何?

(您所在企业所属行业: 第　　产业)

A. 5 000 元以上　B. 4 000 ~5 000 元　C. 3 000 ~4 000 元

D. 2 000 ~3 000 元

14. 您认为本园区的企业排污情况如何?

A. 排污设施齐全, 排污情况良好

B. 排污设施基本齐全, 排污情况大体良好

C. 有基础排污设施, 排污情况一般

D. 排污设施差, 排污情况差

15. 您认为本园区企业的碳排放量情况如何?

A. 大　B. 较大　C. 一般　D. 小

16. 您认为本园区企业的科技含量、创新能力如何?

A. 科技含量高, 创新能力强　B. 科技含量较高, 创新能力较强

C. 科技含量和创新能力一般　D. 科技含量低, 创新能力差

17. 您认为本园区管委会的工作成效如何?

A. 工作成效显著　B. 有工作成效　C. 工作成效一般

D. 工作成效差

18. 您认为本园区的整体规划和长远规划如何?

A. 规划科学合理　B. 规划基本科学合理　C. 有一定规划

D. 没有规划

19. 您认为本园区的建设发展态势如何？

A. 发展态势良好　　B. 发展态势较好　　C. 发展态势一般

D. 发展态势不好

20. 您认为园区发展最关键的因素是什么？

A. 政府管理理念　　B. 企业创新能力　　C. 财政支持力度

D. 园区科学规划

参考文献

[1] 薄运玲．创业投资发展的对策建议［J］．宏观经济管理，2013 (9)：71－72.

[2] 陈慧萍，武拉平，王玉斌．补贴政策对我国粮食生产的影响——基于2004－2007年分省数据的实证分析［J］．农业技术经济，2010 (4)：100－106.

[3] 樊胜根，邢鹂，方成，张晓波．农业科研与城镇贫困［J］．农业技术经济，2006 (5)：9－15.

[4] 高学武，张丹．地方政府支出与私人投资：挤入还是挤出［J］．财贸经济，2014 (1)：115－124.

[5] 高正平，张兴巍．财税政策与风险投资发展关系研究——基于中国各地区的经验证据［J］．证券市场导报，2014 (2)：26－32，46.

[6] 耿献辉，周应恒．我国农业关联产业的投入产出分析［J］．经济管理，2011 (1)：16－21.

[7] 郭剑雄，李志俊．劳动力选择性转移条件下的农业发展机制［J］．经济研究，2009 (5)：31－41，65.

[8] 江林，马椿荣．我国最终消费率偏低的心理成因实证分析［J］．中国流通经济，2009 (3)：57－60.

[9] 李朝晖．建立国家级战略性新兴产业创业投资引导基金的对策建议［J］．现代经济探讨，2011 (10)：39－43.

[10] 李祥云，陈建伟．我国财政农业支出的规模、结构与绩效评估［J］．农业经济问题，2010 (8)：20－25.

[11] 李芝兰．我国农业增长中的政府给投资影响［J］．财经科

学, 2006 (216): 75 - 79.

[12] 厉无畏, 王如忠. 文化产业: 城市发展新引擎 [M]. 上海: 上海社会科学院出版社, 2005: 90 - 93.

[13] 林艳丽, 孟校臣, 王海涛. 辽宁省财政支农支出与农业经济增长关系的实证研究——基于 VAR 模型的分析 [J]. 东北大学学报 (社会科学版), 2014 (2): 152 - 157.

[14] 刘变叶. 战略性新兴产业创业投资政策的缺憾及修正 [J]. 中州学刊, 2014 (11): 54 - 56.

[15] 刘合光, 潘启龙, 谢思娜. 基于投入产出模型的中美农业产业关联效应比较分析 [J]. 中国农村经济, 2012 (11): 4 - 10, 20.

[16] 刘健钧. 境外创业投资引导基金运作模式与启示 [J]. 中国科技投资, 2006 (10): 42 - 46.

[17] 刘明国, 张海燕. 新常态下农产品加工业发展特点分析 [J]. 农业经济问题, 2015 (10): 28 - 34.

[18] 刘瑞波. 构建农业投资保障新体系的政策选择 [J]. 中央财经大学学报, 2006 (8): 66 - 70.

[19] 刘振彪, 许天如. 政府投资对私人投资挤出效应的实证分析 [J]. 商业研究, 2014 (34): 55 - 58.

[20] 龙勇, 梅德强, 常青华. 风险投资对高新技术企业技术联盟策略影响——以吸收能力为中介的实证研究 [J]. 科研管理, 2011 (7): 76 - 84.

[21] 卢智健. 创业投资机构活动对科技风险企业绩效的作用机制研究 [D]. 浙江大学, 2012.

[22] 陆文聪, 吴连翠. 兼业农民的非农就业行为及其性别差异 [J]. 中国农村经济, 2011 (6): 54 - 62, 81.

[23] 吕德宏, 闫文收, 杨希. 农业资金投入渠道对粮食生产能力影响差异性及协作性研究 [J]. 农业技术经济, 2013 (6): 106 - 112.

[24] 吕立才, 徐天祥. 公共投资与私人投资在我国农业增长中的作用及关系研究 [J]. 中央财经大学学报, 2005 (11): 51 - 56.

[25] 吕晓英，李先德．美国农业政策支持水平及改革走向 [J]．农业经济问题，2014 (2)：102 - 109.

[26] 罗华伟，干胜道．社会资本对农产品加工企业银行债务融资的影响——来自中小企业板农产品加工上市公司的证据 [J]．农村经济，2015 (2)：62 - 66.

[27] 穆月英，小池淳司．我国农业补贴政策的SCGE模型构建及模拟分析 [J]．数量经济技术经济研究，2009 (1)：3 - 15，44.

[28] 速水佑次郎．发展经济学——从贫困到富裕 [M]．北京：社会科学文献出版社，2003.

[29] 孙文凯，白重恩，谢沛初．户籍制度改革对中国农村劳动力流动的影响 [J]．经济研究，2011 (1)：28 - 41.

[30] 唐华俊．新形势下中国粮食自给战略 [J]．农业经济问题，2014 (2)：4 - 10，110.

[31] 王会娟，张然．私募股权投资与被投资企业高管薪酬契约——基于公司治理视角的研究 [J]．管理世界，2012 (9)：156 - 167.

[32] 王立国，丛颖．地方政府投资对私人投资的挤出效应研究——基于时间序列数据的实证研究 [J]．生产力研究，2009 (10)：61 - 64.

[33] 王学真，刘中会，周涛．蔬菜从山东寿光生产者到北京最终消费者流通费用的调查与思考 [J]．中国农村经济，2005 (4)：66 - 72.

[34] 王学真，吴石磊，高峰．收入性质对居民消费结构升级的影响分析 [J]．东疆学刊，2011 (2)：50 - 59，112.

[35] 沃西里・里昂惕夫著，崔书香译．投入产出经济学 [M]．中国统计出版社，1982 .

[36] 吴石磊，王学真．居民目标消费率及消费稳定性研究 [J]．统计与信息论坛，2015 (9)：36 - 39.

[37] 吴石磊．中国文化产业发展对居民消费的影响研究 [D]．吉林长春：东北师范大学商学院博士学位论文，2014.

[38] 辛贤．公共农业研发投资与私人农业研发投资的互补关系研究 [J]．中国农村经济，2002 (5)：41 - 47.

[39] 徐东. 风险投资基金组织形式国际比较及我国的选择 [J]. 亚太经济, 2010 (1): 85 - 89.

[40] 严斌剑, 范金, 周应恒, Geoffrey Hewings. 涉农产业发展的国际比较研究 [J]. 江苏行政学院学报, 2011 (6): 39 - 44.

[41] 叶德珠, 连玉君, 黄有光, 李东辉. 消费文化、认知偏差与消费行为偏差 [J]. 经济研究, 2012 (2): 80 - 92.

[42] 易小燕, 宋敏. 美国育种产业的公共投资与私人投资对中国的启示 [J]. 世界农业, 2009 (11): 30 - 32.

[43] 袁正, 闵庆文, 焦雯珺, 李静. 城乡居民食物消费的水生态占用分析——以太湖流域上游常州市为例 [J]. 资源科学, 2012 (1): 98 - 104.

[44] 曾晓燕, 牟瑞芳, 许顺国. 城市化对区域水资源的影响 [J]. 资源环境与工程, 2005 (4): 318 - 322.

[45] 翟俊生, 钱宇, 洪龙华, 黄艳. 政府创业投资引导基金运作模式研究 [J]. 宏观经济管理, 2013 (8): 58 - 76.

[46] 张静, 吴菡, 何国杰. 政府设立创业风险投资引导基金的模式探讨 [J]. 科技管理研究, 2007 (2): 4 - 17.

[47] 张平, 孙伟仁. 我国农村生产性服务业发展的现实问题与优化路径 [J]. 求是学刊, 2015 (2): 1 - 67.

[48] 张群, 吴石磊, 郭艳. 基于 PSM 法估算文化的消费差异影响 [J]. 统计与决策, 2013 (14): 97 - 99.

[49] 钟春平, 陈三攀, 徐长生. 结构变迁、要素相对价格及农户行为——农业补贴的理论模型与微观经验证据 [J]. 金融研究, 2013 (5): 167 - 180.

[50] A Dixit. Growth patterns in a dual economy [J]. Oxford Economic Papers, 1970, 22 (2): 229 - 234.

[51] Abdulai A, Huffman W E. The diffusion of new agricultural technologies: The case of crossbred-cow technology in Tanzania [J]. American Journal of Agricultural Economics, 2005, 87 (3): 645 - 659.

[52] Ajzen I. The theory of planned behaviour. Organizational Behav-

iour and Human Decision Processes, 50, 179 - 211 [J]. De Young, 1991: 509 - 526.

[53] Antonczyk R C, Salzmann A J. Venture capital and risk perception [J]. Zeitschrift für Betriebswirtschaft, 2012, 82 (4): 389 - 416.

[54] Ayayi A. Public policy and venture capital: The Canadian labor-sponsored venture capital funds [J]. Journal of Small Business Management, 2004, 42 (3): 335.

[55] Bairam E, Ward B. The externality effect of government expenditure on investment in OECD countries [J]. Applied Economics, 1993, 25 (6): 711 - 716.

[56] Barnes A, Sutherland L A, Toma L, et al. The effect of the Common Agricultural Policy reforms on intentions towards food production: Evidence from livestock farmers [J]. Land Use Policy, 2016 (50): 548 - 558.

[57] Bertoni F, Tykvová T. Does governmental venture capital spur invention and innovation? Evidence from young European biotech companies [J]. Research Policy, 2015, 44 (4): 925 - 935.

[58] Besley T, Case A. Does electoral accountability affect economic policy choices? Evidence from gubernatorial term limits [R]. National Bureau of Economic Research, 1993.

[59] Bhagwati J N, Srinivasan T N. Foreign trade regimes and economic development: India [J]. NBER Books, 1975.

[60] Boucher S, Guirkinger C. Risk, wealth, and sectoral choice in rural credit markets [J]. American Journal of Agricultural Economics, 2007, 89 (4): 991 - 1004.

[61] Burch D, Lawrence G, Green G P, et al. World Development Report 2008: Agriculture for development [M]. The World Bank, 2007.

[62] Byerlee D, de Janvry A, Townsend R, et al. A Window of Opportunities for Poor Farmers: Investing for long-term food supply [J]. Development Outreach, 2008, 10 (3): 9 - 12.

[63] Callagher L J, Smith P, Ruscoe S. Government roles in venture capital development: A review of current literature [J]. Journal of Entrepreneurship and Public Policy, 2015, 4 (3): 367 -391.

[64] Chand R, Kumar P. Determinants of capital formation and agriculture growth: Some new explorations [J]. Economic and Political Weekly, 2004: 5611 -5616.

[65] Chemmanur T J, Krishnan K, Nandy D K. How does venture capital financing improve efficiency in private firms? A look beneath the surface [J]. Review of financial studies, 2011: hhr096.

[66] Colombo M G, Cumming D J, Vismara S. Governmental venture capital for innovative young firms [J]. The Journal of Technology Transfer, 2016, 41 (1): 10 -24.

[67] Cumming D, Li D. Public policy, entrepreneurship, and venture capital in the United States [J]. Journal of Corporate Finance, 2013, 23: 345 -367.

[68] Davila A, Foster G. Management accounting systems adoption decisions: Evidence and performance implications from early-stage/startup companies [J]. The Accounting Review, 2005, 80 (4): 1039 -1068.

[69] Deaton A. Saving and Liquidity Constraints [J]. Econometrica: Journal of the Econometric Society, 1991: 1221 -1248.

[70] Doukas J A, Gonenc H. Long-term performance of new equity issuers, venture capital and reputation of investment bankers [J]. Economic Notes, 2005, 34 (1): 1 -34.

[71] Dubocage E, Rivaud-Danset D. Government policy on venture capital support in France [J]. Venture Capital: An International Journal of Entrepreneurial Finance, 2002, 4 (1): 25 -43.

[72] Eagly A H, Chaiken S. The psychology of attitudes [M]. Harcourt Brace Jovanovich College Publishers, 1993.

[73] Engel D. The Impact of Venture Capital on Firm Growth: An Em-

pirical Investigation [J]. SSRN Working Paper Series, 2008.

[74] Fama E F, MacBeth J D. Risk, return, and equilibrium: Empirical tests [J]. The journal of political economy, 1973: 607 - 636.

[75] FCC Koh, WTH Koh. Venture capital and economic growth: An industry overview and Singapore's experience [J]. The Singapore Economic Review, 2002, 47 (2): 243 - 267.

[76] Feichtinger P, Salhofer K. The Fischler Reform of the Common Agricultural Policy and Agricultural Land Prices [R]. 2015.

[77] Flannery M J, Rangan K P. Partial adjustment toward target capital structures [J]. Journal of financial economics, 2006, 79 (3): 469 - 506.

[78] Flavin M A. The adjustment of consumption to changing expectations about future income [J]. The Journal of Political Economy, 1981: 974 - 1009.

[79] Fuglie K. The growing role of the private sector in agricultural research and development world-wide [J]. Global Food Security, 2016, 10: 29 - 38.

[80] Gerbens-Leenes P W, Nonhebel S, Krol M S. Food consumption patterns and economic growth. Increasing affluence and the use of natural resources [J]. Appetite, 2010, 55 (3): 597 - 608.

[81] Gornall W, Strebulaev I A. The economic impact of venture capital: Evidence from public companies [J]. Available at SSRN 2681841, 2015.

[82] Gulati A, Bathla S. Capital formation in Indian agriculture: Re-visiting the debate [J]. Economic and Political Weekly, 2001: 1697 - 1708.

[83] Gulati A, Bathla S. Capital formation in Indian agriculture: Re-visiting the debate [J]. Economic and Political Weekly, 2001: 1697 - 1708.

[84] Hall R E. Stochastic implications of the life cycle-permanent income hypothesis: Theory and evidence [J]. NBER working paper, 1979 (R0015).

[85] Hallam D. International investments in agricultural production [J]. Land grab, 2009.

[86] Halvorsen R. The effects of tax policy on investment in agriculture [J]. The Review of Economics and Statistics, 1991: 393 -400.

[87] Hanmer L, Healey J, Naschold F, et al. Will growth halve global poverty by 2015 [J]. 2000.

[88] Hanmer L, Naschold F. Attaining the International Development Targets: Will Growth Be Enough? [J]. Development Policy Review, 2000, 18 (1): 11 -36.

[89] Hansen J, Tuan F, Somwaru A. Do China's agricultural policies matter for world commodity markets? [J]. China Agricultural Economic Review, 2011, 3 (1): 6 -25.

[90] Hanumantha, Rao, C H. Agricultural Growth, Rural Poverty and Environmental Degradation in India [M]. Oxford University Press, New Delhi, 1994.

[91] Hassine N B. Trade, Human Capital, and Technology Diffusion in the Mediterranean Agricultural Sector [J]. International Economics, 2008 (114): 115 -142.

[92] Hazell P, Haddad L J. Agricultural research and poverty reduction [M]. Intl Food Policy Res Inst, 2001.

[93] Hazell P, Haddad L J. Agricultural research and poverty reduction [M]. Intl Food Policy Res Inst, 2001.

[94] Hazell P. Five big questions about five hundred million small farms [J]. Rome: International Fund for Agricultural Development, 2011.

[95] Hellmann T, Puri M. Venture capital and the professionalization of start-up firms: Empirical evidence [J]. The journal of finance, 2002, 57 (1): 169 -197.

[96] Hertel T, Zhai F. Labor market distortions, rural-urban inequality and the opening of China's economy [J]. Economic Modelling, 2006, 23

(1): 76 - 109.

[97] Hochberg Y V. Venture capital and corporate governance in the newly public firm [J]. Review of Finance, 2012, 16 (2): 429 - 480.

[98] Horioka C Y, Wan J. The determinants of household saving in China: A dynamic panel analysis of provincial data [J]. Journal of Money, Credit and Banking, 2007, 39 (8): 2077 - 2096.

[99] Hubbard R G, Skinner J, Zeldes S P. Precautionary Saving and Social Insurance [J]. Journal of Political Economy, 1995, 103 (21).

[100] Kalirajan K, Singh K. The pace of poverty reduction across the globe: An exploratory analysis [J]. International Journal of Social Economics, 2009, 36 (6): 692 - 705.

[101] Karim M, Mansouri A. Taxation of Moroccan agriculture: An analysis of the sensitivity of the results of a dynamic computable general equilibrium model [J]. Middle East Development Journal, 2015, 7 (1): 89 - 107.

[102] Keuschnigg C, Strobel P. Wagniskapital zur Finanzierung innovativer Unternehmensgründungen [J]. Wirtschaftspolitische Blätter, 2000, 47 (2): 193 - 201.

[103] Khandker S R, Faruqee R R. The impact of farm credit in Pakistan [J]. Agricultural Economics, 2003, 28 (3): 197 - 213.

[104] Kolmakov V V, Polyakova A G, Shalaev V S. An Analysis Of The Impact Of Venture Capital Investment On Economic Growth And Innovation: Evidence From The Usa And Russia [J]. Economic Annals, 2015, 60 (207): 7 - 38.

[105] Kortum S, Lerner J. Assessing the contribution of venture capital to innovation [J]. RAND journal of Economics, 2000: 674 - 692.

[106] Lahr H, Mina A. Venture capital investments and the technological performance of portfolio firms [J]. Research Policy, 2016, 45 (1): 303 - 318.

[107] Latruffe L, Desjeux Y. Common Agricultural Policy support, technical efficiency and productivity change in French agriculture [J]. Review of Agricultural, Food and Environmental Studies, 2016: 1 - 14.

[108] Lobell D B, Baldos U L C, Hertel T W. Climate adaptation as mitigation: The case of agricultural investments [J]. Environmental Research Letters, 2013, 8 (1): 015012.

[109] MacMillan I C, Kulow D M, Khoylian R. Venture capitalists' involvement in their investments: Extent and performance [J] . Journal of business venturing, 1989, 4 (1): 27 - 47.

[110] Mason C M. Public policy support for the informal venture capital market in Europe a critical review [J]. International small business Journal, 2009, 27 (5): 536 - 556.

[111] Megginson W L, Weiss K A. Venture capitalist certification in initial public offerings [J]. The Journal of Finance, 1991, 46 (3): 879 - 903.

[112] Mellor J W. The use and productivity of farm family labor in early stages of agricultural development [J]. Journal of Farm Economics, 1963, 45 (3): 517 - 534.

[113] Mellor J. Faster more equitable growth—agriculture, employment multipliers and poverty reduction [J]. Agricultural Policy Development Project Research Report, 2001 (4).

[114] Meng L. Can grain subsidies impede rural-urban migration in hinterland China? Evidence from field surveys [J]. China Economic Review, 2012, 23 (3): 729 - 741.

[115] Mishra S N, Chand R. Public and private capital formation in Indian agriculture: Comments on complementarity hypothesis and others [J]. Economic and Political Weekly, 1995: A64 - A79.

[116] Mitra P. Has government investment crowded out private investment in India? [J]. The American economic review, 2006, 96 (2): 337 - 341.

[117] Modigliani F, Cao S L. The Chinese saving puzzle and the life-cycle

hypothesis [J]. Journal of economic literature, 2004, 42 (1): 145 - 170.

[118] Mundlak Y. Agriculture and economic growth: Theory and measurement [M]. Harvard University Press, 2000.

[119] Nazmi N, Ramirez M D. Public and private investment and economic growth in Mexico [J]. Contemporary Economic Policy, 1997, 15 (1): 65 - 75.

[120] Nazzaro C, Marotta G. The Common Agricultural Policy 2014 - 2020: Scenarios for the European agricultural and rural systems [J]. Agricultural and Food Economics, 2016, 4 (1): 16.

[121] Newberry C R, Klemz B R, Boshoff C. Managerial implications of predicting purchase behavior from purchase intentions: A retail patronage case study [J]. Journal of Services Marketing, 2003, 17 (6): 609 - 620.

[122] Okutsu M, Tomosue T, Kataoka T, et al. Agriculture and employed labour force: The current situation and future direction summary [J]. The Japan Institute for Labour Policy and Training Research Report No. L - 2, 2004.

[123] Patnaik, Prabhat. Recent Growth Experience of the Indian Economy: Some Comments [J]. Economic and Political Weekly, 1987, 22 (19/21): AN49 - AN51 + AN54 - AN56.

[124] Pimentel D, Pimentel M, Wilson A. Plant, animal, and microbe invasive species in the United States and world [M]. // Biological invasions. Springer Berlin Heidelberg, 2008: 315 - 330.

[125] Qin T, Gu X, Tian Z, et al. Comparison of Agriculture and Forestry Fiscal Subsidy Policies in China [J]. Journal of Sustainable Forestry, 2015, 34 (8): 683 - 697.

[126] Quang Dao M. Poverty, income distribution, and agriculture in developing countries [J]. Journal of Economic Studies, 2009, 36 (2): 168 - 183.

[127] Ramirez M D, Nazmi N. Public investment and economic growth

in Latin America: An empirical test [J]. Review of Development Economics, 2003, 7 (1): 115 - 126.

[128] Ramirez M D. Public and private investment in Mexico and Chile: An empirical test of the complementarity hypothesis [J]. Atlantic Economic Journal, 1996, 24 (4): 301 - 320.

[129] Rath, Nilakantha. Agricultural Growth and Investment in India [J]. Journal of Indian School of Political Economy, 1989, 1 (1): 1 - 19.

[130] Roy B C, Pal S. Investment, agricultural productivity and rural poverty in India [J]. Indian Agriculture in the New Millennium: Changing Perceptions and Development Policy, 2006 (2): 367.

[131] Salmenkaita J P, Salo A. Rationales for government intervention in the commercialization of new technologies [J]. Technology Analysis & Strategic Management, 2002, 14 (2): 183 - 200.

[132] Schultz T W. Transforming traditional agriculture [J]. Transforming traditional agriculture. , 1964.

[133] Schultz. Transforming traditional agriculture [M]. Yale University Press, New Haven, 1964: 96 - 160.

[134] Schöfer P, Leitinger R. Framework for venture capital in the accession countries to the European Union [J]. 2002.

[135] Shenggen F A N, Zhang X. Infrastructure and regional economic development in rural China [J]. China economic review, 2004, 15 (2): 203 - 214.

[136] Sherman H J, Evans G R. Macroeconomics: Keynesian, monetarist, and Marxist views [M]. Harper Collins Publishers, 1984.

[137] Shetty, S L. Investment in Agriculture: Brief Review of Recent Trends [J]. Economic and Political Weekly, 1990 (25): 17 - 24.

[138] Siddiqui T A, Shafi M, Shanujas V. Changing landscape of investor's behavior from venture capital to private equity in India: A learner's perspective [J]. International Journal of Physical and Social Sciences,

2015, 5 (3): 38.

[139] Singh A, Pal S. Emerging Trends in the Public and Private Investment in Agricultural Research in India [J]. Agricultural Research, 2015, 4 (2): 121 - 131.

[140] Summers L H. The After-Tax Rate of Return Affects Private Savings [J]. The American Economic Review, 1984, 74 (2): 249 - 253.

[141] Teker D, Teker S, Teraman Ö. Venture capital markets: A cross country analysis [J]. Procedia Economics and Finance, 2016 (38): 213 - 218.

[142] Thirtle C, Lin L, Piesse J. The impact of research-led agricultural productivity growth on poverty reduction in Africa, Asia and Latin America [J]. World Development, 2003, 31 (12): 1959 - 1975.

[143] Thorbecke E, Jung H S. A multiplier decomposition method to analyze poverty alleviation [J]. Journal of Development Economics, 1996, 48 (2): 279 - 300.

[144] Timmer C P. How well do the poor connect to the growth process? [M]. Harvard Institute for International Development, 1997.

[145] Timmer P. Agriculture and pro-poor growth: An Asian perspective [J]. Available at SSRN 1114155, 2005.

[146] Tosin M. The role of investment in the efficiency of agriculture—case of Serbia [J]. Perspectives of Innovations, Economics and Business, 2010, 6 (3): 64 - 66.

[147] Tykvová T, Walz U. How important is participation of different venture capitalists in German IPOs? [J]. Global Finance Journal, 2007, 17 (3): 350 - 378.

[148] Wang S L, Heisey P W, Huffman W E, et al. Public R&D, private R&D, and US agricultural productivity growth: Dynamic and long-run relationships [J]. American Journal of Agricultural Economics, 2013: 1287 - 1293.

[149] Welch F. Education in production [J]. Journal of political economy, 1970, 78 (1): 35 - 59.

[150] Yu W, Jensen H G. China's agricultural policy transition: Impacts of recent reforms and future scenarios [J]. Journal of Agricultural Economics, 2010, 61 (2): 343 -368.

[151] Zhong C, Turvey C, Zhang J, et al. Does taxation have real effects on agricultural output? Theory and empirical evidence from China [J]. Journal of Economic Policy Reform, 2011, 14 (3): 227 -242.